できる日本語
わたしの
ことばノート【第2版】

初中級
A2～B1

解答
かい　　　とう

第 1 課　新しい一歩

みんなで話そう！

[解答例]

レストラン：

メニュー，てんちょう，めんせつ，
チラシ，せいふく，ホームページ，
りれきしょ，レジ

会社：

めんせつ，せいふく，
ホームページ，パソコン，
りれきしょ

学校：

れきし，じゅぎょう，せいふく，
パソコン，しゅくだい

確認しよう！

1. ①楽器　　②お年寄り
　　③（お）刺身　　④履歴書
　　⑤サイクリング
2. ①はんとし　　②たてもの
　　③めんせつ
3. ①おそい　　②つまらない
　　③にがて
4. ①ききとれません　　②ききます
　　③いけん　　④むり
　　⑤もの，かた　　⑥おぼえます
　　⑦おもいだしました　　⑧自分

5. ①では　　②しつれいします
　　③いらっしゃいました
　　④にちじょうかいわ

もっと覚えよう！

1. A募集　　B時給
2. ①b　　②a　　③c

　　　（省略）

第 2 課　楽しいショッピング

みんなで話そう！

[解答例]

①：かるい，じょうぶ，べんり
②：かるい，ちょうどいい，
　　じょうぶ
③：たいせつ，ちょうどいい，
　　おもい
④：おとく

確認しよう！

1. ①セーター　　②カレンダー
　　③ボタン　　④棚
2. ①ほうだい　　②すうじ
　　③りょうがえ　　④きかんげんてい
3. ①ポケット　　②壁　　③お客さん
　　④送料
4. ①コート，セーター

②ゆびわ，うでどけい

③ジーンズ

5. ①かけて　　②かけて

　③ちょうど　　④もう

6. ①りょう　　②おかわり

　③はんがく

①d　　②c　　③b　　④a

[解答例]
かいとうれい

ふわふわのケーキが好きです。／
　　　　　　　　　　す
フライドポテトはカリカリが好き
　　　　　　　　　　　　　　す
です。

第③課　私の目標
だい　か　わたし　もくひょう

[解答例]
かいとうれい

　①：[先生，両親，友達] に
　　　せんせい　りょうしん　ともだち
　　（そうだんします）。

　②：[たばこ，お酒，アルバイト] を
　　　　　　　　さけ
　　（やめます）。

　③：[パソコン，インターネット，
　　　辞書] で
　　　じしょ
　　[明日の天気，ニュース，
　　　あした　てんき
　　言葉の意味] を
　　ことば　いみ
　　（しらべます）。

　④：[どこへ旅行に行く] か／
　　　　　　りょこう　い

[大学院に進学する] かどうか
だいがくいん　しんがく
（なやみます／なやんでいます）。

1. ①スーツ　　②アクセサリー

　③デザイナー　　④スピーチ

2. ①こたえ　　②まちがい，かくにん

　③あんない　　④しゅうしょく

　⑤じむしつ　　⑥ごうかく

　⑦ほうりつ

3. ①ちょきん　　②きゅうりょう

　③ビジネス　　④けいかく

4. ①りょう　　②がんしょ

　③じゅけん　　④しんがく

　⑤つうがく

5. ①もくひょう　　②かんがえて

　③ふくしゅう　　④けいえい

　⑤しらべます　　⑥うける

　⑦つづけよう

6. ①しょうらい　　②がくぶ

　③いっしょうけんめい

①b　　②d　　③c　　④a

[解答例]
かいとうれい

私は通訳になりたいです。／
わたし　つうやく
アニメーターになって、おもしろ

いアニメを作りたいです。
　　　　　　つく

第 ④ 課　住んでいる町で
だい　　か　　す　　　　　まち

[解答例]
かいとうれい

場：サッカー場，野球場，駐輪場
じょう　　　　じょう　やきゅうじょう　ちゅうりんじょう

館：映画館，図書館，美術館
かん　　えいがかん　としょかん　びじゅつかん

院：病院，美容院，大学院
いん　　びょういん　びよういん　だいがくいん

センター：市民センター，
　　　　　しみん

　　　　　スポーツセンター，

　　　　　ショッピングセンター

確認しよう!
かくにん

1. ①天ぷら　　②タオル　　③三味線
　　てん　　　　　　　　　しゃみせん
　④茶道　　⑤水道　　⑥坂
　　さどう　　すいどう　　さか
　⑦美容院　　⑧空港
　　びよういん　くうこう

2. ①ふどうさんや　　②くうこう
　③たいしかん　　④しか
　⑤しやくしょ

3. ①ぐち　　②だて　　③せん
　④ゆき

4. ①修理，相談，駐車，利用
　　しゅうり　そうだん　ちゅうしゃ　りよう
　②簡単，必要，便利
　　かんたん　ひつよう　べんり

5. ①びょういん　　②しょうかい
　③しゅるい　　④しらせます
　⑤きました

6. ①つぎ　　②しょうがっこう
　③のぼっ　　④メートル

①橋　　②信号　　③交差点
　はし　　しんごう　　こうさてん

[解答例]
かいとうれい

横断歩道はありますが、歩道橋は
おうだんほどう　　　　　　　　ほどうきょう
ありません。／

きれいな街路樹があります。
　　　　がいろじゅ

第 ⑤ 課　大変な1日
だい　　か　　たいへん　　にち

[解答例]
かいとうれい

交番：財布を落としたとき、行きま
こうばん　さいふ　お　　　　　　　　い
　　　す。／

　　　道に迷ったとき、行きます。
　　　みち　まよ　　　　　　　　い

駅：ICカードを使います。／
えき　　　　　　　つか

　　友達と待ち合わせをします。
　　ともだち　ま　あ

確認しよう!
かくにん

1. ①池　　②階段　　③線路
　　いけ　　かいだん　　せんろ
　④タクシー　　⑤箱　　⑥窓口
　　　　　　　　はこ　　まどぐち
　⑦駅員　　⑧警官　　⑨鍵
　　えきいん　けいかん　かぎ
　⑩教科書　　⑪ハート　　⑫星
　　きょうかしょ　　　　　　ほし

2. ①で　　②おとして　　③かえて
　④つく，あんしんし
　⑤もどりました　　⑥れんらくして

3. ①ゆっくり　　②もうすこし
　③ぜんぶで　　④すぐ　　⑤さっき

4. ①なくなりました　②こまる
　　③おくれて　④みつかりました
　　⑤まちがえた　⑥とって
　　⑦それが

5. ①ねぼうし　②ころんで
　　③のりかえる　④まちがえて
　　⑤どうしよう

　　①よこなが，かばん／バッグ
　　②ペンケース　③傘／折り畳み傘
　　④帽子／キャップ

[解答例]
　　これは私のバッグです。青と白の
　　チェックで、ポケットが2つ付い
　　ています。／
　　私は無地のTシャツをたくさん
　　持っています。

第 6 課　旅行に行こう

[解答例]
　　海で：泳ぐ，花火，ダイビング
　　山で：キャンプ，登山／山登り，
　　　　　スキー
　　街で：買い物，食事，映画

1. ①手袋　②着物　③大人
　　④スノーボード　⑤虫　⑥カニ
　　⑦船　⑧水族館

2. ①マフラー　②コピー
　　③レンタル　④キャンプ
　　⑤ショー　⑥ショッピング
　　⑦プラン

3. ①映画　②電気　③景色

4. ①ぬれて　②とうちゃくします
　　③まちあわせます
　　④のぼります　⑤とります

5. ①いいです　②めずらしい
　　③こっち　④りょうきん
　　⑤12月　⑥さいご　⑦それに

6. ①ようい　②しゅっぱつ
　　③ないよう　④つたえて

　　①カラオケ　②浴衣　③布団
　　④玄関

[解答例]
　　温泉に入りたいです。／
　　浴衣を着て、卓球をしたいです。

第7課　西川さんの家へ

みんなで話そう！

[解答例]

やく：パン，肉，ケーキ，卵，魚

にる：大根，魚，うどん

いためる：肉，ニンジン，キャベツ

ゆでる：パスタ，卵，うどん

確認しよう！

1. ①大根　②タマネギ　③ネギ
   ④ジャガイモ　⑤みそ汁
   ⑥パスタ　⑦はちみつ
   ⑧調味料　⑨皮　⑩鍋

2. ①むく　②つける　③ひやす
   ④ゆでる　⑤いためる　⑥にる
   ⑦やく

3. ①弱い　②濃い　③厚い
   ④退院する

4. ①お湯　②ふっとうします
   ③変わったら　④30分
   ⑤さんかしました　⑥カップ
   ⑦おっしゃいました
   ⑧グラム　⑨ごぞんじですか
   ⑩どなた

5. ①まず　②つぎに　③さいごに

もっと覚えよう！

1. ①社長　②部長　③課長
2. ①c　②a　③b

[解答例]

はい。銀行で働いたことがありま
す。／

いいえ、ありません。日本の会社
で働きたいと思っています。

第8課　ありがとう

みんなで話そう！

[解答例]

ありがとう。：

・荷物を持ってもらったとき

・道を教えてもらったとき

・料理を作ってもらったとき

すみません。：

・遅刻したとき

・消しゴムを貸してもらったとき

・注文するとき

確認しよう！

1. ①茶碗　②花瓶　③机
   ④本棚　⑤湖　⑥鏡
   ⑦人形　⑧（お）団子

2. ①なおして　②たすけて

③おくって

④ひろっ，とどけました

⑤とって

⑥ゆずります／ゆずりました

3. ①もっていって　②つれていか

③もってきて

4. ①いただきました　②なおして

③ゆずった　④むかえにいきました

⑤うれしかった

5. ①しりょう　②とどけ

③そんなに　④きょうじゅ

⑤きんじょ

[解答例]
かいとうれい

①楽しみです／うれしいです
たの

②恥ずかしかったです
は

③寂しいです
さび

[解答例]
かいとうれい

好きな人からメールをもらいまし
す　　ひと
た。うれしいです。／

ゲームで妹に負けて、悔しかった
いもうと　ま　　くや
です。

第 9 課　アルバイト先で
だい　　か　　　　　　　さき

自動詞：
じどうし

もえる，おちる，でる，きれる，

とどく，つく

他動詞：
たどうし

あげる，なくす，だす，

ならべる

[解答例]
かいとうれい

[服，お皿，靴] がよごれます。
ふく　さら　くつ

[ガラス，コップ，瓶] がわれます。
びん

[袋，靴下，紙] がやぶれます。
ふくろ　くつした　かみ

1. ①スニーカー　②袋　③ひも
ふくろ

④バター　⑤鍋　⑥瓶
なべ　びん

⑦オーブン　⑧引き出し　⑨床
ひ　だ　　ゆか

⑩シフト／表
ひょう

2. ①かみのけ　②おてあらい

③よごれ

④どうぐ，タイムカード

⑤でんぴょう　⑥まいつき

3. ①すべる　②もえる　③きれる

④こげる　⑤ほす　⑥きがえる

⑦おしゃべりする　⑧よぶ

4. ①あがる　②あく　③しまう

④きがえる　⑤ほす

5. ①しまって　　②とどい

　　③きまる　　④わたす

　　⑤ちゅういして　　⑥ことわった

　　⑦たり

6. ①ぜったいに　　②しょうしょう

　　③しっかり

7. ①ガス　　②ガソリン　　③ルール

　　④チェック　　⑤ホール

8. ①やすんで　　②ちょうりば

　　③だす　　④ていねいに　　⑤じゃま

　　⑥つごう　　⑦すみ　　⑧おおきい

9. ①マニュアル　　②タイムカード

　　③シフト　　④スタッフ

もっと覚えよう！

①モップ　　②洗剤　　③拭く

［解答例］

テーブルを拭きます。／

まず、ほうきで掃いてから、モッ
プをかけます。

第10課　旅行に行って

みんなで話そう！

［解答例］

ホテルに泊まる：

　　フロント, ツイン, シングル,

　　ビール, あんない

ファッションショーに行く：

　　モデル, かがみ, さつえい

野外ライブに行く：

　　コンサート, ロック, ビール

工場を見学する：

　　サンプル, ビール, ひこうき,

　　あんない

確認しよう！

1. ①鉛筆　　②屋根　　③月

　　④アイスクリーム　　⑤おにぎり

　　⑥赤ちゃん　　⑦泥棒　　⑧柔道

　　⑨蚊　　⑩工場　　⑪カタカナ

2. ①はくぶつかん　　②むぎ

　　③かいじょう　　④さつえい

3. ①フロント　　②シングル

　　③ツイン　　④プロ　　⑤モデル

　　⑥ヨーロッパ

4. ①上手　　②今から　　③牛乳

　　④する　　⑤たくさん　　⑥あっち

5. ①ぶつかる　　②逃げる　　③踏む

　　④けんかする　　⑤生まれる

　　⑥配る　　⑦頼む

6. ①つくられた　　②さされて

　　③ひらかれました　　④たてられた

　　⑤はつめいされました

　　⑥はっけんされた

　　⑦はつばいされる

7. ①これから　　②それから

③せかい　　④こくさい

⑤つうやく　　⑥おこなわれました

⑦さそいました　　⑧おおくの

⑨むかっている

8.　①えんぴつ　　②むこう

③いっぱい

もっと覚えよう!

①傘／折りたたみ傘　　②カメラ

③水着　　④サングラス

⑤ビーチサンダル

⑥d　　⑦a　　⑧c　　⑨b

[解答例]

旅行に地図とガイドブックを持っ
ていきます。／

海水浴に行くときは、日焼け止め
を忘れてはいけません。

第11課　地域社会の中で

みんなで話そう!

を：せつやくする，かくにんする，
　　けんきゅうする，りようする

×：しゅっちょうする，ねぼうする，
　　こしょうする，あんしんする，
　　がいしょくする

確認しよう!

1.　①折れる　　②回る

③インタビューする

④（インタビューに）答える

2.　①そだてて

②まなびました／まなんでいます

③あきらめ

3.　①ぶっか，せつやく　　②けいご

③けんきゅう　　④ボランティア

⑤ぶんか，きょうみ

4.　①今晩　　②調子　　③勉強する

④壊れる

5.　①あります　　②こわれて

③べんきょうしている

④ちがい　　⑤だい　　⑥ひ

6.　①あんまり　　②せつやく

③しゅっちょう

もっと覚えよう!

①打つ　　②投げる　　③捕る

[例の答え]

サッカー

第 12 課　私の健康法
だい　　か　　わたし　けんこうほう

👥 みんなで話そう!
　　　　　　　　はな

[解答例]
かいとうれい

　［ストレス，疲れ］がたまります。
　　　　　　　つか

　［痛み，疲れ］がとれます。
　　いた　つか

　［肩，首］がこります。
　　かた　くび

　［体，足，肩，首］がひえます。
　　からだ　あし　かた　くび

👤 確認しよう!
　　かくにん

1. ①ショウガ　　②氷　　③うがい
　　　　　　　　こおり

　　④肩　　⑤胃　　⑥温度計
　　かた　　い　　おんどけい

2. ①さす　　②計算する　　③動かす
　　　　　　けいさん　　　うご

　　④測る　　⑤やせる　　⑥酔う
　　はか　　　　　　　　よ

3. ①ドレッシング　　②ジム

　　③ビタミンC　　④カロリー

　　⑤ストレス　　⑥バランス

　　⑦マッサージ　　⑧アドバイス

4. ①いたみ　　②えいよう

　　③けいさんします　　④ぐあい

　　⑤ね　　⑥ひえて　　⑦とれます

　　⑧このごろ

5. ①このごろ　　②げんき

　　③つかれ　　④むり

👥 もっと覚えよう!
　　　　おぼ

　　①ムカムカ　　②パンパン

　　③フラフラ　　④ガンガン

☁ （省略）
　　しょうりゃく

第 13 課　親の気持ち・子の気持ち
だい　　か　　おや　きも　　こ　きも

👥 みんなで話そう!
　　　　　　　　はな

[解答例]
かいとうれい

　なく：卒業式，（試験に）合格，
　　　　そつぎょうしき　しけん　ごうかく

　　　　結婚式，けんか，地震
　　　　けっこんしき　　　　じしん

　わらう：卒業式，（試験に）合格，
　　　　　そつぎょうしき　しけん　ごうかく

　　　　　結婚式，文化祭
　　　　　けっこんしき　ぶんかさい

　さわぐ：卒業式，（試験に）合格，
　　　　　そつぎょうしき　しけん　ごうかく

　　　　　サッカーの試合，結婚式，
　　　　　　　　しあい　けっこんしき

　　　　　文化祭，けんか，地震
　　　　　ぶんかさい　　　　じしん

　がんばる：スポーツの練習，
　　　　　　　　　　　れんしゅう

　　　　　　サッカーの試合，文化祭，
　　　　　　　　しあい　ぶんかさい

　　　　　　受験勉強
　　　　　　じゅけんべんきょう

👤 確認しよう!
　　かくにん

1. ①化粧品　　②コーチ
　　けしょうひん

　　③数学　　④ゲームセンター
　　すうがく

2. ①おや　　②かいがい　　③かじ

3. ①はっぴょうします

　　②せわをして　　③さわいで

　　④のこさ　　⑤やら　　⑥ないて

4. ①やっぱり　　②ぜったいに

　　③しかられました　　④ははおや

　　⑤ずつ　　⑥すごいです　　⑦いや

5. ①ねっしんでした　　②なんでも

③じゅく　　④おそくまで

⑤きびしく　　⑥じゆうに

もっと覚えよう!

①中学生　　②高校生　　③大学生

④英語　　⑤歴史

[解答例]

私は英語は好きでしたが、体育は

嫌いでした。／

私は数学が好きでした。答えがわ

かったとき、とてもうれしかった

です。

第14課　イベント・行事

みんなで話そう!

[解答例]

持っている：

　てぶくろ，しょうぎ，ストーブ，

　ライター，ハンカチ，がっき

食べたことがある：

　ぎょうざ，やきとり，ウナギ，

　おせきはん

したことがある：

　からて，しょうぎ，ねぼう，

　テコンドー，キャンプ，

　なつバテ

確認しよう!

1. ①ミカン　　②スイカ

　③カボチャ　　④豆　　⑤焼き鳥

　⑥ウナギ

2. ①はがき　　②ハンカチ

　③イヤホン　　④食器　　⑤日傘

　⑥ストーブ　　⑦おもちゃ

　⑧ランドセル　　⑨お金持ち

　⑩カメ　　⑪空手　　⑫将棋

　⑬招き猫　　⑭涙　　⑮火事

　⑯お葬式

3. ①ごちそう　　②おきもの

　③ぎょうじ　　④あそび

　⑤せんぞ

4. ①ねんがじょう　　②ふろしき

　③おせきはん　　④おおみそか

　⑤おせちりょうり

5. ①包む　　②踊る

　③祝う／お祝いする　　④増える

6. ①なつバテし　　②かんしゃして

　③おくら，れんそうする／れんそ

　　うさせる

　④ながいきして　　⑤かざります

　⑥いのります／いのりました

　⑦はつおんする

　⑧せいちょうする

7. ①とし　　②かず　　③たくさん

　④とくべつな　　⑤みんな

8. ①シンボル　　②おみまい

　　③おいわい

 もっと覚えよう！

　　①f　　②a　　③i　　④b

　　⑤h　　⑥c　　⑦g　　⑧d

　　⑨e

（省略）

第15課　気になるニュース

みんなで話そう！

[解答例]

　[値段，物価，気温，エレベーター]
があがる／さがる。

　[洋服，自動車，食料品]をゆにゅ
うする／ゆしゅつする。

　[量，洋服，子ども，自動車，数，
食料品]がふえる／へる。

　[円高，円安，温暖化，研究]がすすむ。

確認しよう！

1. ①地球　　②北極　　③南極

　　④グラフ

2. ①らいにち　　②ぼうえき

　　③ぞうか

3. ①かって　　②さいて　　③くらべ

　　④とけて　　⑤りゅうこうして

⑥おねがいします

4. ①きたない　　②きけんな

　　③おんだんな

5. ①ほとんど　　②りゆう　　③でも

　　④だんだん　　⑤すごしました

　　⑥じこ　　⑦しつもん

6. ①えいかいわ　　②けっせき

　　③ちょくせつ　　④じじょう

　　⑤テーマ

もっと覚えよう！

1. ①e　　②f　　③c　　④a

　　⑤d　　⑥b

2. ①入れて　　②クリック　　③印刷

　　④保存します　　⑤アップロード

　　⑥オンライン

　　⑦感染する，フリーズ

[解答例]

動画を見ます。／

書類を作ったり、メールを送った
りします。

復習

●できるかな？

①つうやく　　②つけて　　③ごろ

④だれか　　⑤おとして　　⑥なんでも

⑦ぜったいに　　⑧おおきい

⑨ちがう　⑩もうしわけありません

●名詞
めいし

1. ①きょういく　②こくさい
　③ぼうえき　④ほうりつ
　⑤けいざい　⑥れきし
　⑦もくひょう　⑧つごう
　⑨よてい　⑩ゆめ
　⑪しょうらい　⑫きかい
　⑬いみ　⑭はなし
　⑮ことば　⑯いけん
　⑰カード　⑱がくせいしょう
　⑲ていきけん　⑳きっぷ
　㉑ぐち　㉒ずつ　㉓りょう
　㉔つき　㉕ゆき

2. ①にんぎょう　②かべ
　③どろぼう　④くび
　⑤きんじょ

3. ①甘い、辛い、すっぱい……
　　あま　　から
　②ギター、ピアノ、三味線……
　　　　　　　　　　しゃみせん
　③赤い、青い、白い……
　　あか　あお　しろ
　④△、○、□……
　⑤山、湖、木……
　　やま　みずうみ　き

4. ①ふんいき　②けんこう
　③うち　④きょうみ
　⑤しゅうかん

5. ①アクセサリー　②ルール
　③サイズ　④ホームページ
　⑤ハンカチ　⑥ストレス

●動詞
どうし

1. ①使います　②確認します
　　つか　　　　かくにん
　③休みます　④壊れます
　　やす　　　　こわ
　⑤直します　⑥出ます
　　なお　　　　で

2. ①太ります　②入院します
　　ふと　　　　にゅういん
　③下がります　④欠席します
　　さ　　　　　けっせき
　⑤減ります　⑥褒めます
　　へ　　　　　ほ
　⑦乾きます
　　かわ

3. ①決める　②上がる
　　き　　　　あ
　③なくなる　④壊す
　　　　　　　こわ
　⑤残す　⑥回る　⑦動かす
　　のこ　　まわ　　うご
　⑧冷える　⑨届く　⑩並べる
　　ひ　　　　とど　　なら

4. イメージ，アンケート，
　ダウンロード，サイクリング，
　インタビュー

5. ①さきます　②こげます
　③きれます　④うまれます
　⑤たまります　⑥そだてます
　⑦うけます　⑧さします

6. ①おもいだします
　②わかしました　③かたづけて
　④ゆずりました　⑤たおれました
　⑥かんがえます　⑦たちます
　⑧てつだって

7. ①しんぱいして，あんしんしました
　②かんしゃして　③こまって
　④あきらめました　⑤がんばり
　⑥おどろきました　⑦さわいで

　　⑧ちがいます

8. ①とおる　②くらべる

　　③にて　④こたえて

　　⑤せつめいして　⑥よういして

　　⑦つづけ　⑧おうえんしました

● 形容詞
　けいようし

1. ①遅いです　②濃いです

　　③汚いです
　　きたな

　　④つまらないです

　　⑤厚いです　⑥軽いです
　　あつ　　　　　かる

　　⑦弱いです
　　よわ

2. ①はずかしかったです

　　②にがてです　③とくいです

　　④うれしかったです

　　⑤いやでした

3. ①じょうぶです

　　②いっしょうけんめい

　　③ちいさい　④とくべつな

4. ①かばん　②病気
　　　　　　　びょうき

　　③音楽　④動物　⑤天気
　　おんがく　どうぶつ　てんき

5. ①ひつようです

　　②ちょうどいい

　　③めずらしい　④ていねいな

　　⑤むりだ　⑥したしく

　　⑦せっきょくてきに

　　⑧おんだん　⑨じゃまに

● 接続詞・副詞
　せつぞくし　ふくし

1. ①それに　②しかし

　　③それでは　④それが

2. ①はっきり　②しっかり

　　③そんなに　④たしかに

　　⑤あとで　⑥このごろ

　　⑦さっき　⑧このあいだ

　　⑨しばらく

3. ①このごろ　②すぐ

　　③ほとんど　④だいたい

　　⑤じぶんで

　　⑥もちろん，やっぱり

　　⑦このあいだ

● 会話表現
　かいわひょうげん

1. ①d　②c　③a　④b

　　⑤e　⑥g　⑦f

2. ①どう　②少々お待ちください
　　　　　　しょうしょう　　ま

　　③わかりました

● 言葉の整理
　ことば　せいり

いろいろな意味
　　　　　い　み

　　①出ます　②とります
　　　で

　　③送ります　④します
　　　おく

　　⑤かけます　⑥ついて

いろいろな形
　　　　　かたち

　　①白です　②大切さ　③汚れ
　　　しろ　　　たいせつ　　よご

　　④この間の　⑤最後に
　　　　あいだ　　さいご

14

⑥いろいろ

他の言葉と一緒に

①医者　②観光　③勉強

④世界　⑤電気　⑥大人

⑦スピーチ

話す相手、場面で違う

①方、いらっしゃいました

②申します，こちら　③今日

④君　⑤では

⑥いろいろな，しかし

もっと覚えたい人のために

●テスト

1. （省略）

2. （解答なし）

3. ①d　②b　③a　④c

4. （解答なし）

5. ①緊張し　②合格　③落ちた

　④徹夜し

●デート

1. ①b　②c　③a

2. ①b　②c　③d　④a

　Q.（省略）

3. ①b　②c　③a　④e

　⑤d

　Q.（省略）

4. ［解答例］

①告白した　②片想い

③デート　④モテる

⑤つない

●お祭り

1. ①うちわ

②b　③c　④a

2. ①浴衣

②a　③b　④d　⑤c

　Q.（省略）

3. （省略）

　Q.（省略）

4. ［解答例］

①盆踊り　②浴衣　③かき氷

●仕事

1. （解答なし）

2. ①d　②b　③c　④e

⑤a

3. ①部　②伺います　③勤めて

④クビだ

4. （会話のため解答なし）

5. ①出社　②出張　③打ち合わせ

●飲み会

1. （省略）

2. （解答なし）

　Q.（省略）

３．（省略）

４．かんじ，もりあがって，よわい，

　　よっぱらって

●スポーツジム

１．①ロッカー　　②水着　　③タオル

２．（解答なし）

　　Ｑ．（省略）

３．（解答なし）

４．（省略）

５．①筋トレ（筋力トレーニング）

　　②ストレッチ　　③リラックス

●お出かけ

１．（解答なし）

　　Ｑ．（省略）

２．（解答なし）

　　Ｑ．[解答例]

　　　①キャー！／かっこいい！／

　　　　愛してる！

　　　②あ、すみません。ハンカチ

　　　　落としましたよ。／

　　　　何か落ちましたよ。

　　　③どうしたの？

３．①振った　　②噴水

●旅行

１．（解答なし）

　　Ｑ．（省略）

２．（解答なし）

　　Ｑ．（省略）

３．（解答なし）

４．（解答なし）

　　Ｑ．（省略）

５．（解答なし）

　　Ｑ．（省略）

６．①d　　②b　　③c　　④a

７．①旅行　　②レンタカー

　　③聖地巡礼　　④お土産

●引っ越し

１．（省略）

２．①d　　②f　　③e　　④b

　　⑤c　　⑥g　　⑦a

３．ひも

４．①包みます　　④運びます

　　⑤要らない／使わない

５．①管理人　　②置き場

　　③住所

６．①トラック　　②不用品

　　③家賃

できる日本語

わたしの
ことばノート 【第2版】

嶋田和子 監修
できる日本語教材開発プロジェクト 著

初中級
A2~B1

にほんごの凡人社
BONJINSHA

はじめに

　『わたしのことばノート　初中級』は『できる日本語　初中級　本冊』の補助教材として作られました。本書を活用することで、『できる日本語　初中級　本冊』で学習する語彙を自分で整理し、その運用力を身につけることができます。それぞれの課は話題や場面で構成されているため、その他の初級（後半）教科書を使用している方でも初級語彙の運用・習得に役立てることができます。また、自分がよく使う言葉や好きな言葉を加えることで、世界に１つだけの「わたしのことばノート」が完成します。

本書の使い方

●構成と各パートの特色

【第１～15課】

　『できる日本語　初中級　本冊』のそれぞれの課で学習した語彙を扱っています。
　１課は３つのパートに分かれています。

みんなで話そう！　…既習語彙と関連させながら、その課で学習した語彙に注目するパートです。習った語彙を意味や場面などのグループに分けることで、気づきを促します。クラスメイトと話し合いながら進めると、効果的です。
＊考え方によって、グループ分けのし方が複数ある場合があります。解答（別冊）には解答例を載せてあります。

確認しよう！　…………　その課で学習した語彙の定着を図るパートです。イラストを見て言葉を書く練習、コロケーションや反対語を問う練習、文章の中に言葉を入れる練習などさまざまな練習があります。自習用としても使うことができます。

名前と仕事　その練習が何の練習かすぐわかるように、「時間」「動詞」などのタグがついています。（タグがないものもあります。）

もっと覚えよう！　…その課に関連した場面・トピックで、関連語彙・表現を広げるパートです。教室でクラスメイトと話し合いながら進めると、さらに語彙を広げることができるでしょう。

【復習】

　第1〜15課で学習した語彙を品詞などでまとめた復習問題です。

【もっと覚えたい人のために】

　学習者にとって身近な9つの場面で必要となる語彙・表現を学びます。

　クラスでも、自習用教材としても使用することができます。

　紹介されている語彙だけでなく、それぞれの学習者が自分に必要な語彙を増やし、「わたしのことばノート」を作り上げていってください。

● 表記について

　原則、常用漢字を使用した漢字かな混じり文となっています。ただし、漢字圏の学習者に配慮し、ひらがな表記でも理解できるか確認したい語彙はひらがなで書かれています。

● 『できる日本語　初中級　本冊』各課の行動目標と学習項目

課タイトル・行動目標	学習項目	
第1課　新しい一歩 初めて会った人に丁寧に自己紹介したり、印象よく問い合わせしたりすることができる。	いらっしゃいます	Nなら〜
	Nと申します	VるのがA
	〜ので、〜	VるのはA
	参ります	Vるようになります（能力の変化）
	可能動詞	
第2課　楽しいショッピング お店やレストランで友達と商品やメニューについて話したり、お店の人と話しながら買い物したりすることができる。	Aそうです（様態）	〜と読みます
	Vてみます	〜と書いてあります
	Vてもらえませんか	どういう意味ですか　〜という意味です
	Vにくいです	Nにします
	Aすぎます	Vすぎです
	Vやすいです	Vすぎます
	Vてあります	
第3課　私の目標 自分の目標や計画を話したり進路の参考のために周りの人から話を聞いたりすることができる。	Vたら、〜（確定条件）	〜かどうか、〜
	意向形　V（よ）うと思っています	Vるために、〜　Nのために、〜（目的）
	Vるつもりです　Vないつもりです	〜んですか　〈疑問詞〉〜んですか 〜んです
	〈疑問詞〉か、〜	Vなければなりません
第4課　住んでいる町で 日本の生活を楽しむために住んでいる町の情報を教え合って、その情報をもとに行動することができる。	〜んですが、〜	Nまでに〜
	〜なら、〜	Vると、Nがあります
	Vたらいいです	Nじゃなくて、〜　Vるんじゃなくて、〜
	Vるといいです	
第5課　大変な1日 突然のハプニングにあったとき、簡単なことなら事情を説明して、対処することができる。	Vてしまいました（後悔）	Vていただけませんか
	〜かもしれません	〜て、〜（理由）
	Vたあとで、〜　Nのあとで、〜	Vたら、〜た（発見）
第6課　旅行に行こう 旅行に行くために事前に情報を収集したり相談したりして、旅行に行く前の準備ができる。	Vましょうか	〜そうです（予測）
	〜し、〜（並列）	Vておきます（準備）
	〜のは〜です（強調構文）	Vてあります（完了）
	〜し、〜（理由）	

目次
もくじ

新しい一歩
あたら　　　いっ　ぽ

⬜ の言葉をグループに分けましょう。それから、みんなで話しましょう。
　　ことば　　　　　　　　　わ　　　　　　　　　　　　　　　　はな

~~メニュー~~	てんちょう	れきし	めんせつ
チラシ	じゅぎょう	せいふく	ホームページ
パソコン	りれきしょ	しゅくだい	レジ

レストラン

例）メニュー
れい

会社
かいしゃ

学校
がっこう

1. ①〜⑥は何ですか。
なん

名詞
めいし

① （　　　　　　　　）　　② （　　　　　　　　）　　③ （　　　　　　　　）

④ （　　　　　　　　）　　⑤ （　　　　　　　　）

2. 何ですか。□ にひらがなを１つずつ書きましょう。
なん　　　　　　　　　　　　　　　　　　　か

名詞
めいし

① ６か月　……………………………………………………………　は □ □ □
　　　げつ

② 家やビルなど　……………………………………………………　た □ □ □
　いえ

③ アルバイトや仕事をしたいときなどに、店や会社の人と会って、話をすること
　　　　　　　しごと　　　　　　　　　　　みせ かいしゃ ひと あ　　　　はなし

　　…………………………………………………………………………　め □ □ □

3. 反対の言葉を書きましょう。
はんたい　ことば　か

反対の言葉
はんたい　ことば

例）大きい ⇔ 小さい
れい　おお　　　　ちい

① はやい ⇔ （　　　　　　　　）

② おもしろい ⇔ （　　　　　　　　）

③ とくい ⇔ （　　　　　　　　）

4. どちらがいいですか。

① 電話の声が小さいので、よく [きけません ・ ききとれません]。

② 私はよくクラシック音楽を [ききます ・ ききとります]。

③ 今はまだ日本語が上手じゃありませんが、自分の [いけん ・ ことば] が日本語
で言えるようになりたいです。

④ 1人でこの荷物を全部持つのは [めいわく ・ むり] です。

⑤ A：すみません。あのう、昨日、お電話した [かた ・ もの] ですが……。

　　B：あ、アルバイトの面接の [かた ・ もの] ですね。

⑥ 明日、テストがあるので、漢字を30個 [おぼえます ・ おもいだします]。

⑦ 古い写真を見て、昔のことを [おぼえました ・ おもいだしました]。

⑧ 先生：皆さん、次の時間は、隣の教室に行きます。

　　　　[自分 ・ 私] の荷物を持っていってください。

　　学生：はい。

5. (　　)に入る言葉を ▭ から選んで書きましょう。

〈レストランで。モンさんはアルバイトの面接に来ました。〉

店長：あ、モンさんですね。（①　　　　　　　　　　　　）、こちらへどうぞ。

モン：（②　　　　　　　　　　　　）。

店長：どうぞ、座ってください。

モン：はい。よろしくお願いいたします。

店長：モンさんはどちらから（③　　　　　　　　　　　）か。

モン：タイから参りました。

店長：日本語は大丈夫ですか。

モン：はい、（④　　　　　　　　　　　）ならできます。

店長：そうですか。…………

おさきにしつれいます	しつれいします	いらっしゃいました
では	といあわせ	にちじょうかいわ

1．ＡとＢにはどんな言葉が入りますか。

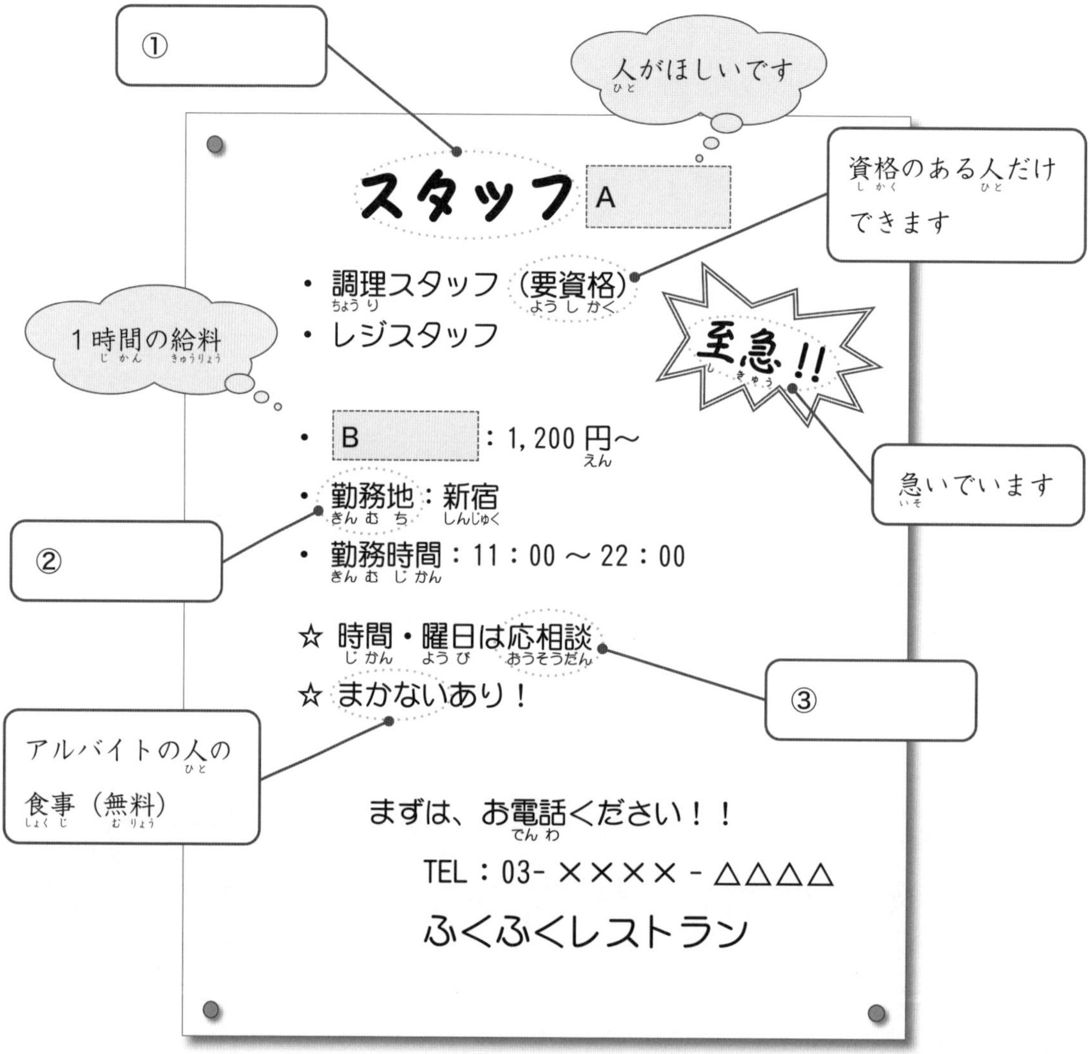

2．①〜③は何ですか。◯◯◯から選びましょう。

 アルバイトの情報を雑誌やwebで見てみましょう。

楽しいショッピング
たの

みんなで話そう！
はな

あなたはどんな○○がいいですか。▭の言葉を書きましょう。
ことば　か

① 

② 

③ 

④ 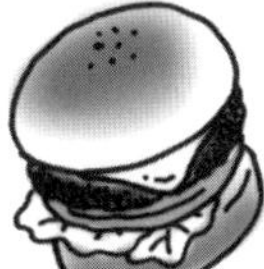

かるい　　たいせつ　　べんり　　ちょうどいい
じょうぶ　おもい　　おとく

1. ①〜④は何ですか。

名詞（めいし）

   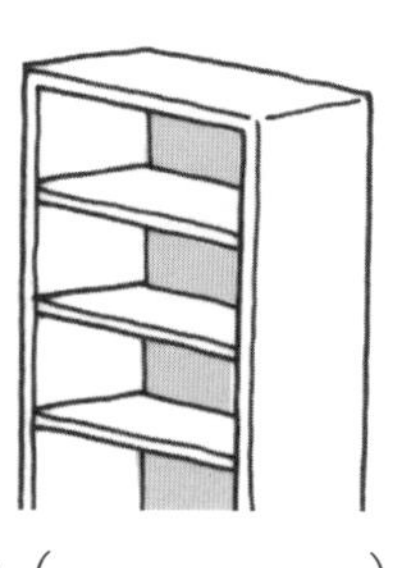

① （　　　　　　　）　② （　　　　　　　）　③ （　　　　　　　）　④ （　　　　　　　）

2. （　　）に入る言葉を ⬚ から選んで書きましょう。
（はい　ことば　　　　えら　か）

名詞（めいし）

① この店は毎日1時から2時までケーキの食べ（　　　　　　　）があって、人気です。
（みせ　まいにち　じ　　じ　　　　た　　　　　　　　　　　　　　　　　にんき）

② この時計は（　　　　　　　）が小さいですから、見にくいです。
（とけい　　　　　　　　　　　ちい　　　　　　み）

③ 外国へ旅行に行く前に、銀行でお金を（　　　　　　）しておきます。
（がいこく　りょこう　い　まえ　ぎんこう　かね）

④ リン　　：アンナさん、ここに（　　　　　　　）メニューと書いてありますよ。
（　　　　　　　　　　　　　　　　　　　　　　　　　　　　　か）

　　アンナ：えっ、どういう意味ですか。
（　　　　　　　　　　　いみ）

　　リン　　：今だけのメニューという意味ですよ。
（　　　　いま　　　　　　　　　　いみ）

> りょうがえ　　すうじ　　きかんげんてい　　ほうだい

3. 一緒に使わない言葉を1つ選んで×を書きましょう。
（いっしょ　つか　　　ことば　　えら　　か）

動詞（どうし）

例)［　ソース　・　~~しお~~　・　しょうゆ　・　カレー　］をかけます。
（れい）

① ［　切手　・　写真　・　ポケット　・　チラシ　］をはります。
（きって　しゃしん）

② ［　壁　・　バス　・　車　・　自転車　］がうごきます。
（かべ　　　　　くるま　じてんしゃ）

③ ［　意味　・　読み方　・　お客さん　・　使い方　］をせつめいします。
（いみ　よ　かた　　きゃく　　つか　かた）

④ ［　荷物　・　スーツケース　・　送料　・　親子丼　］をはいたつします。
（にもつ　　　　　　　　　そうりょう　おやこどん）

4. ┈┈ に入る言葉を ⬭ から選んで書きましょう。

① ┌─────────┐
　│　　　　　　　　│ を着ます。
　└─────────┘　　　き

② ┌─────────┐
　│　　　　　　　　│ をします。
　└─────────┘

③ ┌─────────┐
　│　　　　　　　　│ をはきます。
　└─────────┘

┌─────────────────────────┐
│　コート　　　　ジーンズ　　　　ゆびわ　　│
│　セーター　　うでどけい　　　　　　　　　│
└─────────────────────────┘

5. どちらがいいですか。

① 壁に時計が ［　かけて　・　はって　］あります。
　　かべ　とけい

② お好み焼きはソースを ［　いれて　・　かけて　］食べてください。
　　　この　や　　　　　　　　　　　　　　　　　　　　　　た

③ この靴はサイズが ［　ちょうど　・　ちょっと　］いいです。
　　　　くつ

④ A：［　もっと　・　もう　］1杯いかがですか。
　　　　　　　　　　　　　　　　ばい

　B：じゃ、いただきます。

6. （　　）に入る言葉を ⬭ から選んで書きましょう。

┌─────────────────────────────────────┐
│　昨日、友達と一緒に晩ご飯を食べに行きました。　　　　　　　　　│
│　きのう　ともだち　いっしょ　ばん　はん　た　　い　　　　　　│
│　店のおすすめは牛丼で、牛肉の（①　　　　　　　）も多くて、おい　│
│　みせ　　　　　ぎゅうどん　ぎゅうにく　　　　　　　　　　おお　　│
│　しかったです。おなかがすいていたので、何回も（②　　　　　　）　│
│　　　　　　　　　　　　　　　　　　　　なんかい　　　　　　　　│
│　しました。タイムサービスで（③　　　　　　）だったので、とて　│
│　もおとくでした。　　　　　　　　　　　　　　　　　　　　　　　│
└─────────────────────────────────────┘

┌─────────────────────────┐
│　　りょう　　おかわり　　はんがく　　　　│
└─────────────────────────┘

オノマトペ（食感）しょっかん　　どんな食感ですか。しょっかん

EWレストラン メニュー

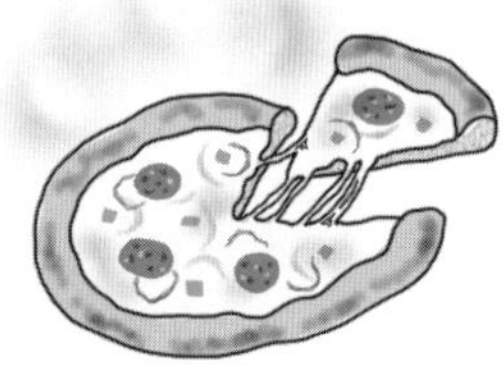

外は（①　　　　　　）
そと
中はもっちりピザ
なか

パリパリ餃子
ぎょうざ

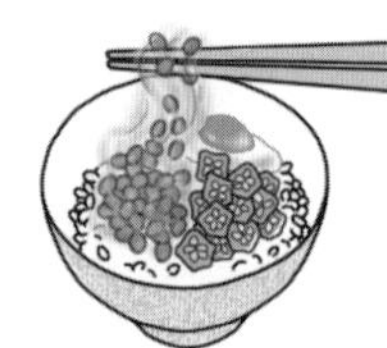

納豆とオクラの
なっとう
（②　　　　　　　）丼
どん

お肉とろとろビーフシチュー
にく

（③　　　　　　　）レタスの
サンドイッチ

デザート

（④　　　　　　）
パンケーキ

サクサクバタークッキー

桃のぷるぷるゼリー
もも

a. ふわふわ　　b. シャキシャキ　　c. ねばねば　　d. カリッと

どんな食べ物が好きですか。
た　もの　　す

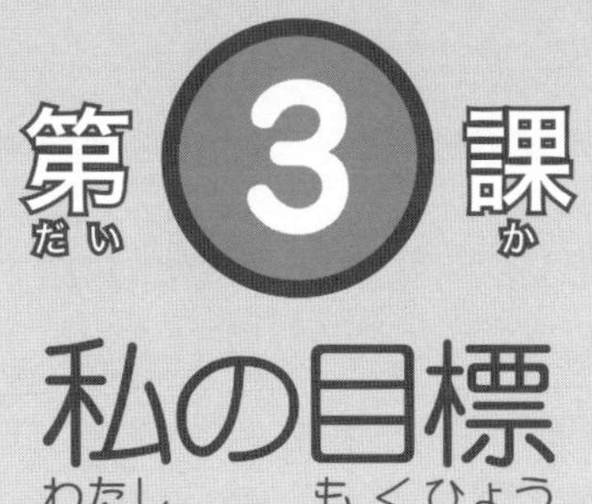

絵を見て（　　　）に動詞を書きましょう。また、[＿＿] にはどんな言葉が
え　み　　　　　　　　どうし　か　　　　　　　　　　　　　　　　　　ことば
入りますか。
はい

① [　　　　　　　　　　　] に　（ そ　　　　　　　　　　）。

② [　　　　　　　　　　　] を　（ や　　　　　　　　　　）。

③ [　　　　　　　　　　　] で
　 [　　　　　　　　　　　] を　（ し　　　　　　　　　　）。

④ [　　　　　　　　　　　] か ／
　 [　　　　　　　　　　　] かどうか（ な　　　　　　　　　　）。

1. ①〜④は何ですか。
なん

名詞
めいし

① (　　　　　)　② (　　　　　)　③ (　　　　　)　④ (　　　　　)

2. (　　)に入る言葉を □ から選んで書きましょう。
はい　こと　ば　　　　　えら　　か

（言葉は1回だけ使います。）
ことば　かい　つか

名詞
めいし

① 正しい (　　　　　　　　　　) を1つ選んでください。
ただ　　　　　　　　　　　　　　　　　えら

② 書類を出す前に、(　　　　　　　) がないかどうか (　　　　　　　) します。
しょるい　だ　まえ

③ 国の友達が日本へ来たら、いろいろなところを (　　　　　　　) したいです。
くに　ともだち　にほん　き

④ 日本の会社に (　　　　　　　) したいと思っています。
にほん　かいしゃ　　　　　　　　　　　　　　おも

⑤ ビザ*やお金のことは (　　　　　　　) で聞いてください。
かね　　　　　　　　　　　　　　　き

⑥ 行きたかった大学に (　　　　　　　) して、とてもうれしいです*。
い　　　　　　だいがく

⑦ 大学で (　　　　　　　) を勉強して、弁護士*になりたいです。
だいがく　　　　　　　　　　　　　べんきょう　べんごし

*ビザ＝ visa ／签证／비자／ Thị thực　*うれしい＝ happy ／高兴／기쁘다／ Vui　*弁護士＝ lawyer ／律师／변호사／ Luật sư
べんごし

| しゅうしょく | じむしつ | あんない | こたえ |
| ほうりつ | かくにん | まちがい | ごうかく |

3. □ にひらがなを1つずつ書きましょう。
か

名詞
めいし

① 最近、お金をあまり使いません。車を買うために、ち□□□ しています。
さいきん　かね　　　　　つか　　　　くるま　か

② 今月のアルバイトの き□□□□ は10万円でした。
こんげつ　　　　　　　　　　　　　　　　　まんえん

③ 日本の会社で働きたいので、ビ□□ 日本語を勉強したいです。
にほん　かいしゃ　はたら　　　　　　　　　　にほんご　べんきょう

④ 友達の誕生日パーティーを □□□く します。
ともだち　たんじょうび

4.（　　）に入る言葉を□から選んで書きましょう。

① 学生が集まって、住んでいるところ……（　　　　　　　）

② 入学を申し込むための書類………………入学（　　　　　　　）

③ 大きいテストを受けます………………（　　　　　　　）します

④ 上の学校に行きます…………………（　　　　　　　）します

⑤ 学校に通います………………………（　　　　　　　）します

> じゅけん　　がんしょ　　つうがく　　しんがく　　りょう

5.　どちらがいいですか。

① 今年の［　もくひょう　・　ゆめ　］は、日本語の小説を読めるようになることです。

② 将来のことは、よく［　おもって　・　かんがえて　］決めたいです。

③ 試験の前に、［　よしゅう　・　ふくしゅう　］します。

④ 兄は小さい会社を［　けいざい　・　けいえい　］しています。

⑤ わからない言葉の意味を辞書で［　しらべます　・　さがします　］。

⑥ 来年、日本語能力試験を［　うける　・　する　］つもりです。

⑦ 大学に入っても、今のアルバイトを［　やめよう　・　つづけよう　］と思っています。

6.（　　）に入る言葉を□から選んで書きましょう。

私は（①　　　　　　　　）、自分の会社を作りたいと思っています。それで、今、ふじみ大学の経営（②　　　　　　　　）で勉強しています。夢のために（③　　　　　　　）頑張ります。

> がくぶ　　しょうらい　　いっしょうけんめい

いろいろな仕事　　どんな仕事ができますか。

〇〇外国語専門学校……通訳、（①　　　　）

〇〇トラベルスクール……（②　　　　）、ツアーコンダクター

〇〇放送学院……ディレクター、声優、音響スタッフ

〇〇ファッションカレッジ……ファッションデザイナー、スタイリスト

〇〇デザイン専門学校……（③　　　　）、

　　　　　　　　　　インテリアコーディネーター、

　　　　　　　　　　アニメーター

〇〇IT 専門学校……システムエンジニア（SE）、

　　　　　　　　　ゲームクリエイター

〇〇美容学院……美容師、メイクアップアーティスト、ネイルアーティスト

〇〇調理専門学校……調理師、（④　　　　）、

　　　　　　　　　　フードコーディネーター

---

a．パティシエ　　　b．翻訳家　　　c．Webデザイナー　　　d．ホテルスタッフ

　あなたはどんな仕事をしたいですか。

第 **4** 課

住んでいる町で

どんな言葉がありますか。

場

館

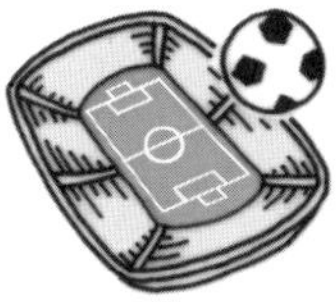

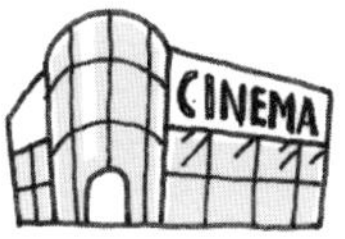

院

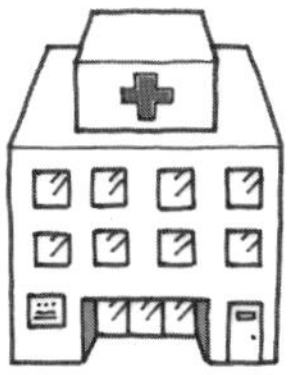

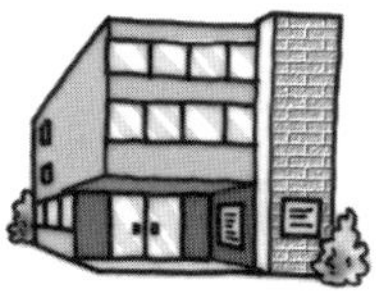

センター

1．①〜⑧は何ですか。
なん

① （　　　　　　　）　② （　　　　　　　）　③ （　　　　　　　）　④ （　　　　　　　）

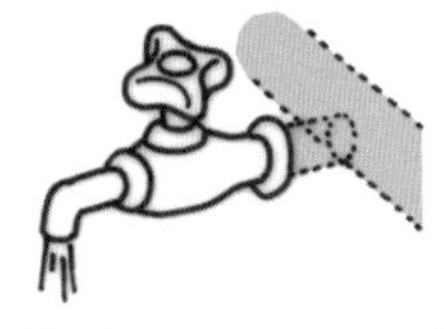   

⑤ （　　　　　　　）　⑥ （　　　　　　　）　⑦ （　　　　　　　）　⑧ （　　　　　　　）

2．（　　）に入る言葉を　　　から選んで書きましょう。
はい　ことば　　　　えら　　か

① もっと広い部屋に引っ越ししたいと思って、駅の前の（　　　　　　　）へ行きました。
ひろ　へや　ひ　こ　　　　　　　　　おも　　えき　まえ　　　　　　　　　　　　　い

② 台風で飛行機が飛ばなかったので、（　　　　　　　）で2時間待ちました。
たいふう　ひこうき　と　　　　　　　　　　　　　　　　じかんま

③ パスポートをなくしたので、明日（　　　　　　　）へ行かなければなりません。
あした　　　　　　　　　　　　い

④ 学校の近くのさくら（　　　　　　　）はいい歯医者さんです。
がっこう　ちか　　　　　　　　　　　　　　はいしゃ

⑤ A市に引っ越ししたら、A市の（　　　　　　　）へ引っ越ししたことを知らせます。
し　ひ　こ　　　　　　し　　　　　　　　　　ひ　こ　　　　　　　し

> くうこう　　しやくしょ　　ふどうさんや　　たいしかん　　しか

3．線でつなぎましょう。
せん

① みなみ　・　　　　・ ゆき

② 5かい　・　　　　・ だて

③ 3ばん　・　　　　・ せん

④ しぶや　・　　　　・ ぐち

4．①と②に答えましょう。

① 「〜する」の形にできるものに○をつけましょう。

修理 しゅうり	簡単 かんたん	相談 そうだん	情報 じょうほう	駐車 ちゅうしゃ	茶道 さどう
目標 もくひょう	理由 りゆう	必要 ひつよう	利用 りよう	方法 ほうほう	便利 べんり

② ①の ▭ の中に、ナ形容詞が３つあります。どれですか。

（　　　　　）、（　　　　　）、（　　　　　）

5．どちらがいいですか。

① 髪を切りに ［ びょういん ・ びよういん ］ へ行きます。

② 恋人を友達に ［ しゅうり ・ しょうかい ］ します。

③ このスーパーは飲み物の ［ しゅるい ・ しょるい ］ が多いです。

④ 地震の情報を市民に ［ しらせます ・ しらべます ］。

⑤ ３年前に日本へ ［ つきました ・ きました ］。

6．（　）に入る言葉を ▭ から選んで書きましょう。
　　必要なら形を変えてください。

〈道で〉

A：すみません。市民センターへ行きたいんですが、どうやって行ったらいいですか。

B：市民センターですか。ええと……、（①　　　　　　　　　）の信号を右に曲がると、

　　（②　　　　　　　　　　）があります。その前の坂を（③　　　　　　　　　　）て、

　　10（④　　　　　　　　　　）くらい行くと、左にありますよ。

A：ここからどのくらいかかりますか。

B：10分くらいです。

A：そうですか。どうもありがとうございます。

つぎ　　メートル　　しょうがっこう　　のぼる

①〜③は何ですか。

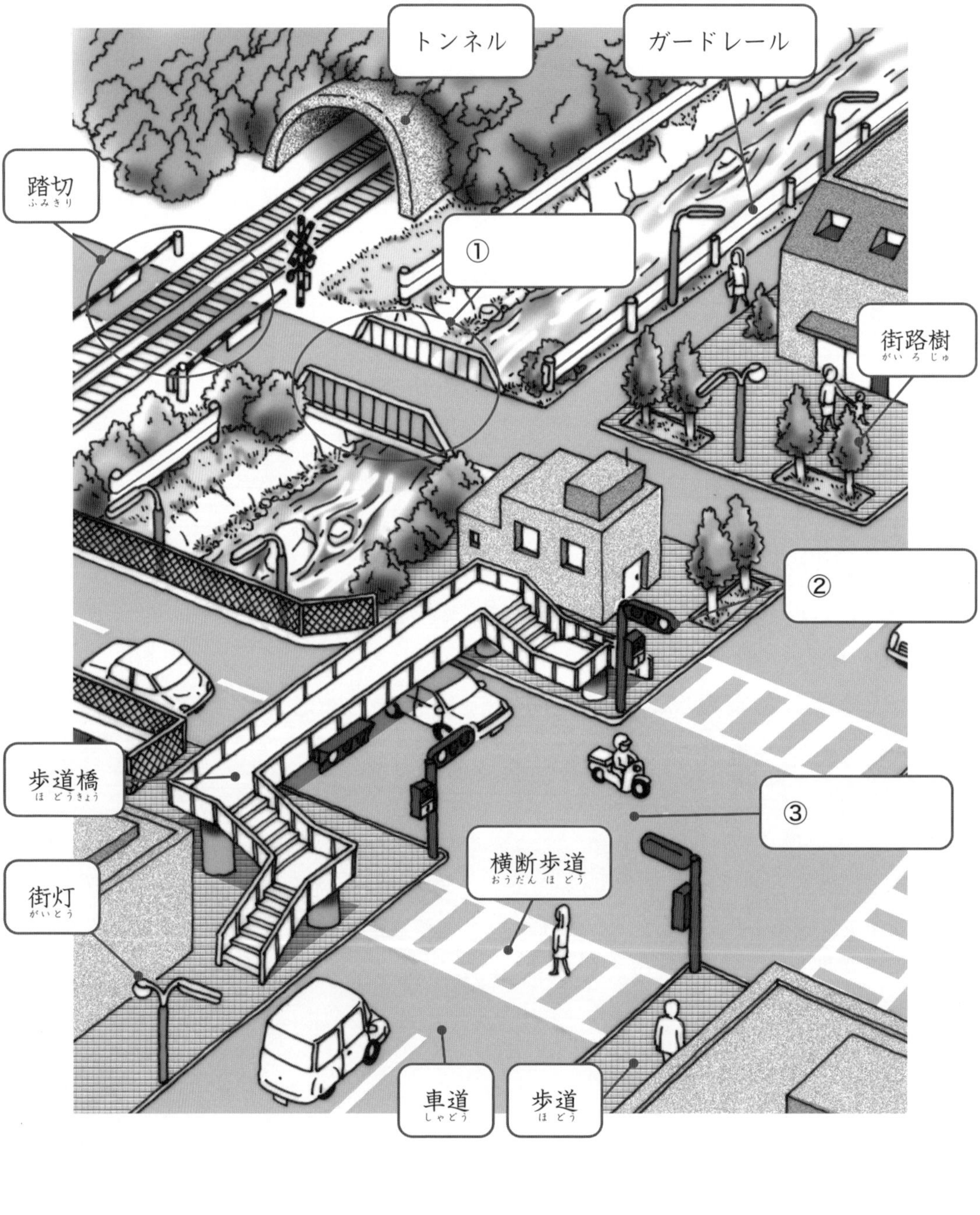

あなたの住んでいるところにはどれがありますか。

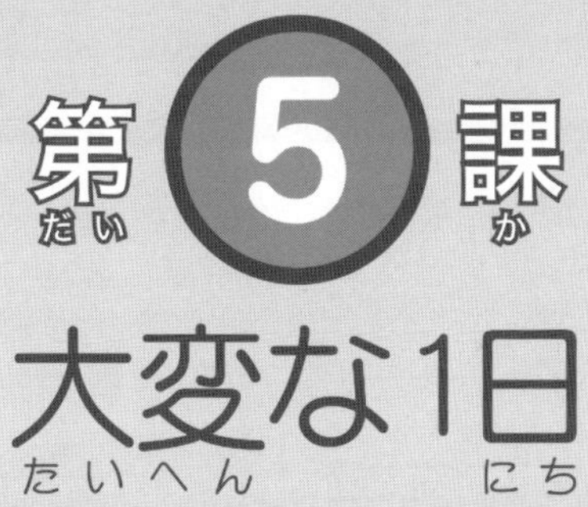

大変な1日
たいへん　　　にち

みんなで話そう！
　　　　　　はな

どんなとき、行きますか。何をしますか。みんなで話しましょう。
　　　　　　い　　　　　　なに　　　　　　　　　　　　　　はな

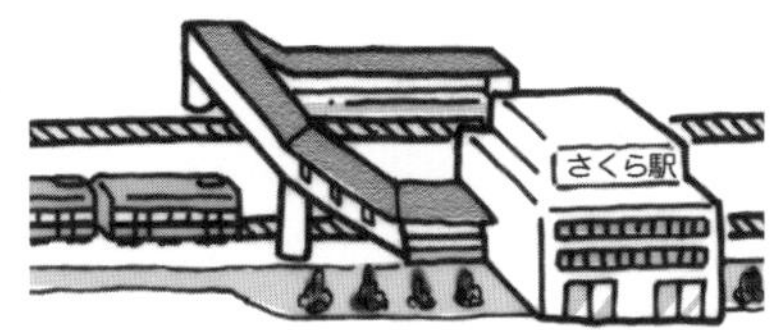

交番 こうばん	駅 えき

[ヒント]

さいふ
じてんしゃ
みち
IC カード
わすれもの
など

✕

します
つかいます
おとします
まよいます
なくなります
など

1. ①〜⑫は何ですか。

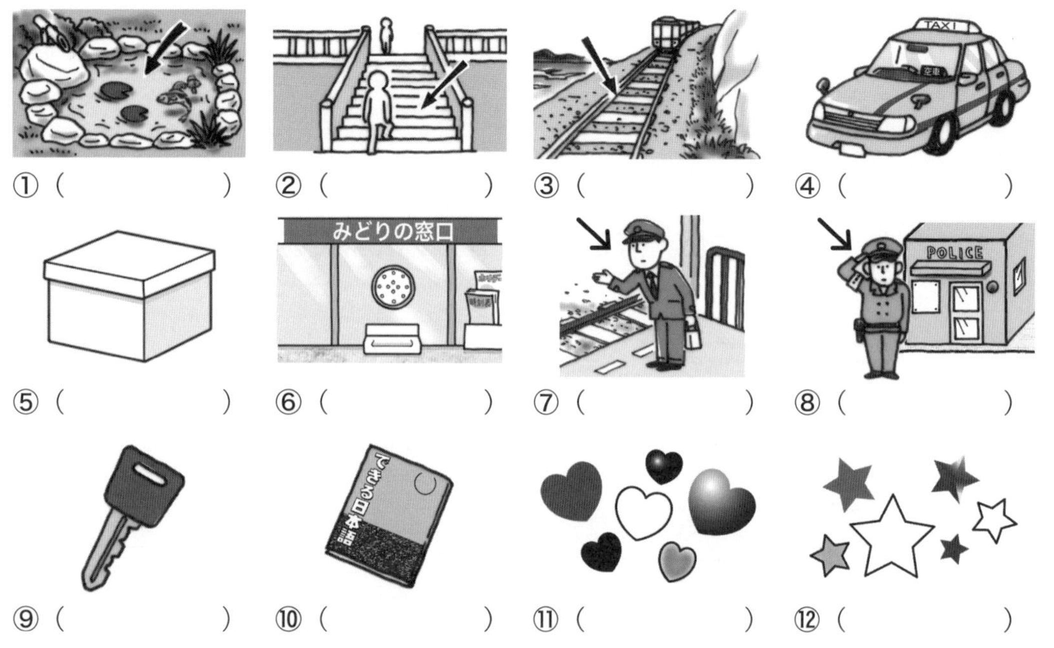

① (　　　　　　　)　② (　　　　　　　)　③ (　　　　　　　)　④ (　　　　　　　)

⑤ (　　　　　　　)　⑥ (　　　　　　　)　⑦ (　　　　　　　)　⑧ (　　　　　　　)

⑨ (　　　　　　　)　⑩ (　　　　　　　)　⑪ (　　　　　　　)　⑫ (　　　　　　　)

2. (　　　)に入る言葉を □ から選んで書きましょう。

必要なら形を変えてください。

① 学校まで遠いので、いつも午前6時半に家を (　　　　　　　) なければなりません。

② 携帯電話をトイレに (　　　　　　　) しまいました。

③ 明日、急に用事ができたので、約束の時間を (　　　　　　　) もらえませんか。

④ A：雪で電車が遅れている……。試験に間に合うかどうか心配だよ。

　 B：大丈夫。特急に乗ったら、10時に新宿に (　　　　　　　) よ。

　 　 (　　　　　　　) て。

⑤ 電車に忘れ物をしたことに気がついて、急いで駅まで (　　　　　　　)。

⑥ 学校を休むときは、先生に (　　　　　　　) ください。

> おとす　　れんらくする　　あんしんする　　つく　　でる　　もどる　　かえる

3．どちらがいいですか。

① 祖母と一緒のときは、［　びっくり　・　ゆっくり　］歩きます。

② ［　もうすぐ　・　もうすこし　］大きい声で話してください。

③ 宿題は［　ぜんぶ　・　ぜんぶで　］3枚あります。

④ いつも覚えたことを［　すぐ　・　きゅうに　］忘れてしまいます。

⑤ A：［　しばらく　・　さっき　］から何を考えているの？

　　B：明日、面接があって……。

4．どちらがいいですか。

① かばんの中にあった財布が［　おとしました　・　なくなりました　］。

② 終電に乗れなかったら、［　しんぱいする　・　こまる　］ので、そろそろ帰りましょう。

③ 台風で、電車が［　ちこくして　・　おくれて　］います。

④ なくした財布が［　みつかりました　・　さがしました　］。よかったです。

⑤ 道を［　まよった　・　まちがえた　］！　左じゃない！　右だった。

⑥ テストで0点を［　とって　・　もらって　］しまいました。

⑦ A：パーティー、楽しかった？

　　B：［　それでは　・　それが　］、急に頭が痛くなってしまって、行かなかったんだ。

5．（　　）に入る言葉を □ から選んで書きましょう。必要なら形を変えてください。

> ごめんなさい。今、まださくら駅です。
>
> 朝、（①　　　　　　　）て、急いで駅へ行ったら、階段
>
> で（②　　　　　　　）しまって……。
>
> そして、わかば駅で○○線に（③　　　　　　　）とき、
>
> 電車を（④　　　　　　　）しまったんです。
>
> 映画に間に合いませんね。（⑤　　　　　　　）……。

ころぶ
まちがえる
のりかえる
ねぼうする
どうしよう

> 急がなくても大丈夫ですよ。駅に着いたら、連絡してください。

【模様（柄）】
もよう　がら

自分の持ち物（色、形、大きさ）をみんなに説明しましょう。
じぶん　も　もの　いろ　かたち　おお　　　　　　　　せつめい

第 6 課
だい　　　か

旅行に行こう
りょこう　　　い

何をしますか。みんなで話しましょう。
なに　　　　　　　　　　　　はな

海で
うみ

山で
やま

街で
まち

1. ①〜⑧は何ですか。　　　　　　　　　　　　　　　名詞（めいし）
（なん）

① （　　　　　　）　② （　　　　　　）　③ （　　　　　　）　④ （　　　　　　）

⑤ （　　　　　　）　⑥ （　　　　　　）　⑦ （　　　　　　）　⑧ （　　　　　　）

2. □にカタカナを1つずつ書きましょう。　　　　　カタカナ語（ご）
（か）

① 今日はとても寒いので、手袋とマ□□□をして、学校へ行きます。
（きょう）（さむ）（てぶくろ）（がっこう）（い）

② 先輩社員：この書類、コ□□しておいて。
（せんぱいしゃいん）（しょるい）

　後輩社員：はい、わかりました。
（こうはいしゃいん）

③ 旅行に行くので、スーツケースをレ□□□しました。
（りょこう）（い）

④ A：キ□□□に行くの？
（い）

　B：まだ迷ってる……。虫が嫌いなんだ。
（まよ）（むし）（きら）

⑤ 水族館でイルカのシ□□を見ました。
（すいぞくかん）（み）

⑥ シ□□□□□センターで買い物するのは楽しいです。
（か）（もの）（たの）

⑦ スマホの料金プ□□を調べます。
（りょうきん）（しら）

3. 一緒に使わない言葉を1つ選んで×を書きましょう。　　複合語（ふくごうご）
（いっしょ）（つか）（ことば）（えら）（か）

① ［　電話　・　勉強　・　映画　］中
　　　（でんわ）（べんきょう）（えいが）（ちゅう）

② ［　電気　・　交通　・　生活　］費
　　　（でんき）（こうつう）（せいかつ）（ひ）

③ ［　チケット　・　景色　・　朝食　］付き
　　　　　　　　（けしき）（ちょうしょく）（つ）

4. どちらがいいですか。

① 急に雨が降って、[ぬって ・ ぬれて] しまいました。

② ＜駅のアナウンス＞ 電車が [つきます ・ とうちゃくします]。

③ 友達と喫茶店で [まちます ・ まちあわせます]。

④ 週末はよく友達と山に [のぼります ・ とざんします]。

⑤ 姉が国から来るので、店長に言って、休みを [します ・ とります]。

5. どちらがいいですか。

① このレストランはふんいきが [おいしいです ・ いいです]。

② これは 100 年前の [でんとうてきな ・ めずらしい] 切手です。

③ 危ないですから、[こっち ・ そっち] へ来ないでください。

④ 先月から、電気 [だいきん ・ りょうきん] が高くなりました。

⑤ [1月 ・ 12月] はねんまつですから、みんな忙しいです。

⑥ 夏休み [さいご ・うしろ] の日に、みんなで花火をしました。

⑦ さくらホテルは部屋の窓から見える景色もいいし、[それで ・ それに]、
レストランの料理もおいしいです。

6. （ ）に入る言葉を ⬜ から選んで書きましょう。
必要なら形を変えてください。

> 富士山へ行く人へ
>
> 　来週、富士山に登ります。山は急に雨が降ったり、寒くなっ
> たりするので、傘や上着を（①　　　　　　　　）してください。
> 集合時間には遅れないでください。
>
> 　待ち合わせ場所：新宿駅西口　　集合時間：午前7時00分
> 　　　　　　　　　　　　　　　（②　　　　　）時間：午前7時20分

ないよう
ようい
つたえる
しゅっぱつ

先生：アンナさんにこの（③　　　　　　　）を（④　　　　　　　）もらえませんか。

モン：わかりました。

旅館
りょかん

①～④は何ですか。
なん

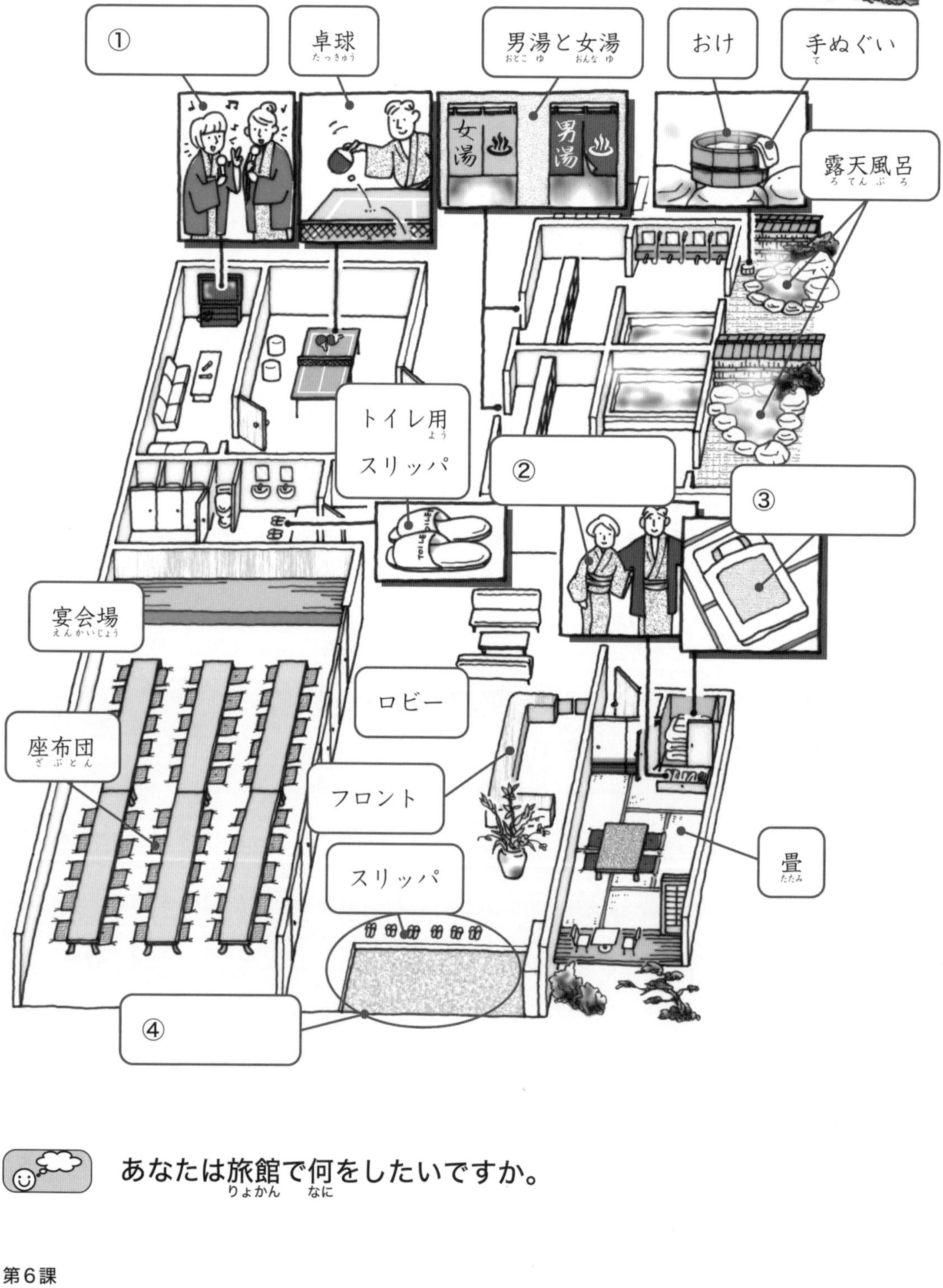

①

卓球
たっきゅう

男湯と女湯
おとこ ゆ　おんな ゆ

おけ

手ぬぐい
て

露天風呂
ろ てん ぶ ろ

トイレ用
よう
スリッパ

②

③

宴会場
えんかいじょう

ロビー

座布団
ざ ぶ とん

フロント

畳
たたみ

スリッパ

④

あなたは旅館で何をしたいですか。
りょかん　　なに

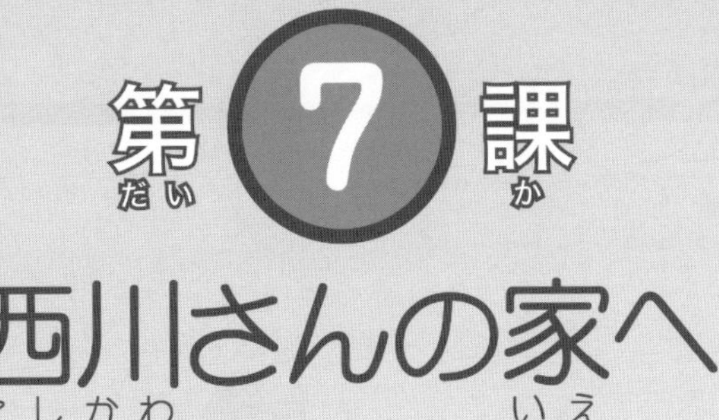

◯ の言葉をグループに分けましょう。
ことば
それから、みんなで話しましょう。
はな

大根（だいこん）	パン	肉（にく）	パスタ
ケーキ	ニンジン	卵（たまご）	リンゴ
魚（さかな）	うどん	キャベツ	トマト

やく	にる

いためる	ゆでる

1. ①～⑩は何ですか。

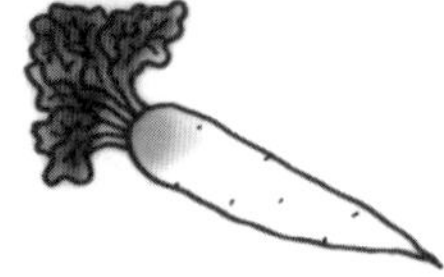
① （　　　　　）

② （　　　　　）

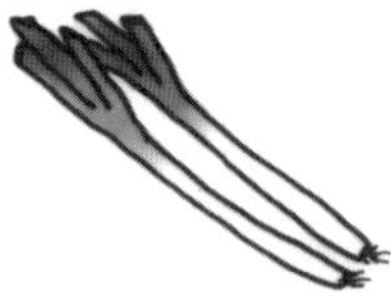
③ （　　　　　）

④ （　　　　　）

⑤ （　　　　　）

⑥ （　　　　　）

⑦ （　　　　　）

⑧ （　　　　　）

⑨ （　　　　　）

⑩ （　　　　　）

2. （　　）に入る言葉を ▢ から選んで書きましょう。

① ジャガイモの皮を（　　　　　　　　　　）。

② 最後に塩を入れて、味を（　　　　　　　　　）。

③ 冷蔵庫でゼリーを（　　　　　　　　）。

④ 鍋に水を入れて、卵を（　　　　　　　　）。

⑤ 肉と野菜をフライパンで（　　　　　　　　）。

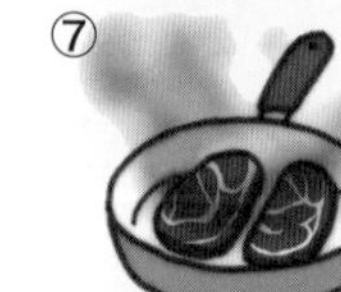

⑥ 鍋に水やしょうゆを入れて、卵を（　　　　　　　　　）。

⑦ 肉をフライパンで（　　　　　　　　）。

> ひやす　　むく　　　　つける　　にる
> ゆでる　　いためる　　やく

3. 反対の言葉を書きましょう。
　　はんたい　ことば　か

例）大きい　⇔　小さい
れい　おお　　　　ちい

① 強い　⇔　（　　　　　　　　）
　　つよ

② 味が薄い　⇔　味が（　　　　　　　）
　　あじ　うす　　　　あじ

③ 薄い本　⇔　（　　　　　　　　）本
　　うす　ほん　　　　　　　　　　ほん

④ 入院する　⇔　（　　　　　　）
　　にゅういん

4. どちらがいいですか。

① ［　水　・　お湯　］をわかします。
　　みず　　　ゆ

② 水は100度で［　わかします　・　ふっとうします　］。
　　みず　　ど

③ 肉の色が［　変わったら　・　変えたら　］、火を弱くします。
　　にく　いろ　　　か　　　　　　か　　　　　ひ　よわ

④ ここで［　半分　・　30分　］ぐらい待ってください。
　　　　　　はんぶん　　　ぷん　　　　　ま

⑤ 沖縄でダイビングツアーに［　さんかしました　・　しゅっせきしました　］。
　　おきなわ

⑥ コーヒー［　コップ　・　カップ　］を2つ買いました。
　　　　　　　　　　　　　　　　　　　　か

⑦ 社長は明日の会議に出席しないと［　おっしゃいました　・　いらっしゃいました　］。
　　しゃちょう　あした　かいぎ　しゅっせき

⑧ 鶏肉を200［　グラム　・　メートル　］買いました。
　　とりにく　　　　　　　　　　　　　　　か

⑨ A：ABE社の社長を［　ごらんになりますか　・　ごぞんじですか　］。
　　　　　しゃ　しゃちょう

　　B：はい、1回お会いしたことがあります。
　　　　　　かい　あ

⑩ A：あそこに立っている方は［　どちら　・　どなた　］ですか。
　　　　　　　た　　　　かた

　　B：ABE社の山田さんです。
　　　　　しゃ　やまだ

5. □ にひらがなを1つずつ書きましょう。
　　　　　　　　　　　　　　　　か

トマトスープの作り方
　　　　　　つく　かた

① ま□□、ジャガイモとタマネギ、ニンジン、トマトを細かく切ります。
　　　　　　　　　　　　　　　　　　　　　　　　　こま　き

② つ□□□、切った野菜と水を鍋に入れて、煮ます。野菜が柔らかくなったら、
　　　　　　き　やさい　みず　なべ　い　　　に　　　やさい　やわ
　火を止めます。
　ひ　と

③ さ□□□、塩とコショウを少し入れたら、できあがりです。
　　　　　　しお　　　　　すこ　い

会社で使う言葉
かいしゃ つか ことば

1．①〜③は何ですか。
なん

2．①〜③の（　　）に入る言葉をa〜cから選びましょう。
はい　ことば　　えら

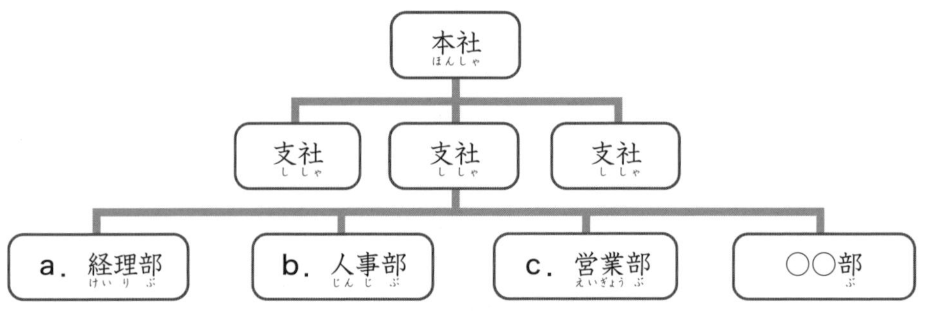

＊部署＝ department ／部门／부서／ Bộ phận
ぶしょ

あなたは会社で働いたことがありますか。
かいしゃ　はたら

ありがとう

みんなで話そう！

どんなとき、言いますか。みんなで話しましょう。

例）プレゼントをもらったとき

確認しよう！

1．①〜⑧は何ですか。

① （　　　　　）　② （　　　　　）　③ （　　　　　）　④ （　　　　　）

⑤ （　　　　　）　⑥ （　　　　　）　⑦ （　　　　　）　⑧ （　　　　　）

2．（　　）に入る言葉を ▢ から選んで書きましょう。

必要なら形を変えてください。（言葉は1回だけ使います。）

① 壊れた自転車を兄が（　　　　　　　　　　）くれました。

② 彼女は、私が困っているとき、いつも（　　　　　　　　　）くれます。

③ 昨日は夜遅かったので、店長が車で駅まで（　　　　　　　）くれました。

④ 道に財布が落ちていたので、（　　　　　　　　）て、交番に（　　　　　　　　）。

⑤ ここで魚を（　　　　　　　　　）はいけません。

⑥ もう使わない教科書を後輩に（　　　　　　　　）。

① 　　⑤ 

> ひろう　　ゆずる　　とどける　　なおす　　とる　　おくる　　たすける

3. （　　）に入る言葉を ◯ から選んで書きましょう。複合動詞
ふくごうどうし
　　必要なら形を変えてください。

① 〈電気屋で〉客　：このパンフレット、もらってもいいですか。

　　　　　　　　店員：どうぞどうぞ。（　　　　　　　　　）ください。

② 〈会社で〉　社員：すみません。子どもを病院に（　　　　　　　　　）

　　　　　　　　　　なければならないので、早く帰ってもいいですか。

　　　　　　　　課長：わかりました。

③ 〈学校で〉　先生：明日の授業で使いますから、家族や友達の写真を

　　　　　　　　　　（　　　　　　　　　）ください。

　　　　　　　　学生：はい。

| つれていく |
| つれてくる |
| もっていく |
| もってくる |

4. どちらがいいですか。　　　　　　　　　　　　　　　　　　気をつけて！
き

① この間、佐藤さんにお土産を ［　いただきました　・　くださいました　］。

② 作文の間違いをアルバイト先の人に ［　なおして　・　しゅうりして　］もらいました。

③ 電車ではお年寄りに席を ［　ゆずった　・　あげた　］ほうがいいと思います。

④ 土曜日、友達を空港へ ［　むかえにきました　・　むかえにいきました　］。

⑤ 友達から誕生日プレゼントをもらって、［　うれしかった　・　たのしかった　］です。

5. （　　）に入る言葉を ◯ から選んで書きましょう。文章の中で
ぶんしょう　なか
　　必要なら形を変えてください。

> ◯月×日
>
> 　A社との会議に出かけた部長から電話があった。必要な（①　　　　　　　）を忘れ
> たそうだ。急いで、駅まで（②　　　　　　　）に行った。部長が駅で気がついて、本
> 当によかった。駅までは（③　　　　　　　）遠くないので、間に合った。
>
> 　会社へ戻る途中、大学のとき教えていただいた（④　　　　　　　）にお会いした。
> ご（⑤　　　　　　　）に住んでいらっしゃるそうだ。またお会いしたいと思った。

| しりょう　　きょうじゅ　　きんじょ　　とどける　　そんなに |

もっと覚えよう！

気持ち　①～④にはどんな言葉が入りますか。

国の友達が日本へ遊びに来ます。久しぶりに*会えるので、
とても　（①　　　　　　　　　　　）。

＊久しぶりに＝ it has been a long time ／很久没（未）／오래간만에／ Lâu rồi mới gặp

ルームメイトが国へ帰ってしまいました。
毎日、1人でご飯を食べるのは（③　　　　　　　　　）。

ペットのタマちゃん（猫）が病気で死にました。
とても悲しいです。

うれしかった（恥ずかしかった／悔しかった）ことについて話しましょう。

アルバイト先で
さき

みんなで話そう！
はな

次の言葉は自動詞ですか。他動詞ですか。みんなで話しましょう。
つぎ ことば じどうし たどうし はな

もえる	あげる	おちる	でる	なくす
だす	きれる	とどく	つく	ならべる

自動詞	他動詞
じどうし	たどうし

には、何が入りますか。
なに はい

が　よごれます。

が　われます。

が　やぶれます。

1. ①〜⑩は何ですか。　　　　　　　　　　　　　　　　　　名詞
なん　　　　　　　　　　　　　　　　　　　　　　　　　　めいし

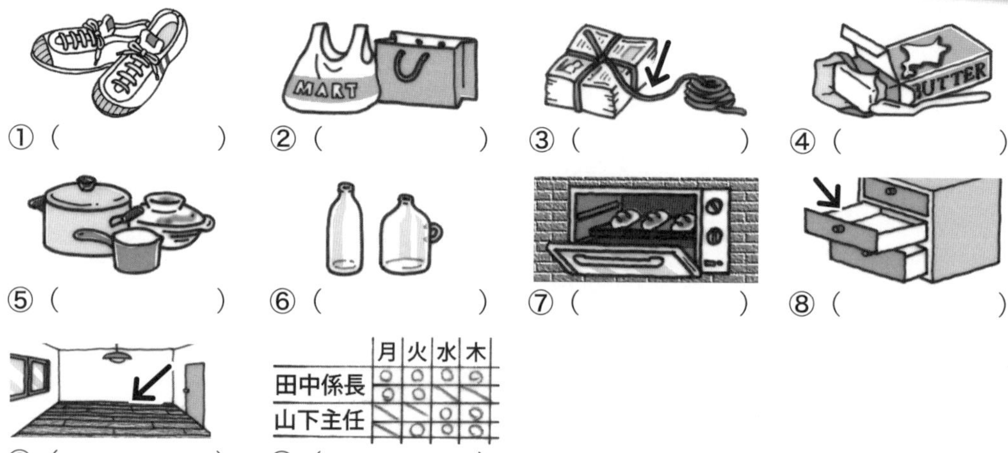

① (　　　　　　　　)　② (　　　　　　　　)　③ (　　　　　　　　)　④ (　　　　　　　　)

⑤ (　　　　　　　　)　⑥ (　　　　　　　　)　⑦ (　　　　　　　　)　⑧ (　　　　　　　　)

⑨ (　　　　　　　　)　⑩ (　　　　　　　　)

2. (　　　)に入る言葉を　　　から選んで書きましょう。　　名詞
はい　ことば　　　えら　か　　　　　　　　　めいし

① 客　：すみません、スープの中に (　　　　　　　　) が入っていたんですが。
きゃく　　　　　　　　　　　なか　　　　　　　　　　　　はい

　店員：大変申し訳ありません。
　てんいん　たいへんもう　わけ

② 客　：あのう、(　　　　　　　　) はどこですか。
きゃく

　店員：あちらです。
　てんいん

③ アルバイトの先輩：油の (　　　　　　　　) はこの洗剤で洗ってください。
せんぱい　あぶら　　　　　　　　　　せんざい　あら

　アルバイトの後輩：はい、わかりました。
こうはい

④ アルバイトの後輩：掃除の (　　　　　　　　) はどこにしまったらいいですか。
こうはい　そうじ

　アルバイトの先輩：あそこのロッカーにしまってください。
せんぱい

　　　　　　　　あ、それから、帰るときも (　　　　　　　　) を押してくださいね。
かえ　　　　　　　　　　　　お

⑤ A：どうしよう。(　　　　　　　　) が破れちゃった！
やぶ

　B：お客様の注文はわかるから、大丈夫だよ。
きゃくさま　ちゅうもん　　　　　だいじょうぶ

⑥ A：このショッピングセンター、(　　　　　　　　) 13日にセールするんだ。
にち

　B：そうなんだ。じゃ、来月は13日に買い物に来よう。
らいげつ　にち　か　もの　こ

おてあらい　でんぴょう　どうぐ　かみのけ　よごれ　まいつき　タイムカード

3. （　　　）に入る言葉を  から選んで書きましょう。

① （　　　　　　）

② （　　　　　　）

③ （　　　　　　）

④ （　　　　　　）

⑤ （　　　　　　）

⑥ （　　　　　　）

⑦ （　　　　　　）

⑧ （　　　　　　）

> きれる　　ほす　　すべる　　もえる
> こげる　　よぶ　　きがえる　　おしゃべりする

4. 一緒に使わない言葉を１つ選んで×を書きましょう。 

① 温度を［　あがる　・　あげる　・　さげる　］。
② いすに［　すわる　・　あく　・　かける　］。
③ ごみを［　すてる　・　しまう　・　そのままにする　］。
④ 服が［　きがえる　・　かわく　・　やぶれる　］。
⑤ コップを［　ほす　・　ならべる　・　はこぶ　］。

5. （　　）に入る言葉を ⬭ から選んで書きましょう。
　　必要なら形を変えてください。

① テストのときは、教科書やノートは机の中に（　　　　　　　　　）ください。

② 今日、国の友達から誕生日プレゼントが（　　　　　　　）て、びっくりしました。

③ 次の会議で新しい社長が（　　　　　　　　）かもしれません。

④ お釣りをお客様に（　　　　　　　）ときは、よく確認しましょう。

⑤ オーブンを使うときは、やけどをしないように（　　　　　　　　）ください。

⑥ A：今日、田中さんと映画を見に行くんだけど、行きたくないんだ。

　　B：行きたくないの？　じゃ、はっきり（　　　　　　　）ほうがいいよ。

⑦ 〈教室で〉

　　学生：先生、プリント*が1枚（　　　　　　　　　）ません。

*プリント = printout ／讲义 / 资料／프린트／ Bản in

> | ことわる　　　わたす　　　たりる　　　とどく |
> | きまる　　　　しまう　　　ちゅういする |

6.　どれがいいですか。

① ［　ぜひ　・　すぐ　・　ぜったいに　］時間に遅れないでください。

② ［　そろそろ　・　しょうしょう　・　さっき　］お待ちください。

③ ［　しっかり　・　はっきり　・　びっくり　］聞いてください。

7.　□にカタカナを1つずつ書きましょう。

① 今月の電気、水道、[ガ][　]の料金は全部で 6000 円でした。

② ドライブに行くので、車に[ガ][　][　]を入れておきます。

③ 車を運転するときの[ル][　][　]はたくさんあります。

④ アルバイトの日をカレンダーに[チ][　][　][　]しておきます。

⑤ 私は料理を作るのが好きなので、[ホ][　][　]の仕事より調理場の仕事をしたいです。

8．どちらがいいですか。

① 今日は学校を［　きゅうけいして　・　やすんで　］しまいました。

② この店の［　ちょうりば　・　だいどころ　］は広くて、きれいです。

③ 燃えないごみは月曜日に店の裏に［　だす　・　かたづける　］ことになっています。

④ 店長：お客様にはもっと［　ていねいに　・　しんせつに　］あいさつしてください。

　　店員：はい、わかりました。すみません。

⑤ 母　　：今から、お客さんが来るの。

　　　　　　そのかばん、［　めいわく　・　じゃま　］だから、片付けて。

　　子ども：はーい。

⑥ A：日曜日、映画、見に行かない？

　　B：ごめん。ちょっと［　つごう　・　よてい　］が悪くて……。

⑦ A：この大きな花瓶、どこに置きましょうか。

　　B：そうですね……。部屋の［　すみ　・　かど　］がいいですね。

⑧ 客　　：すみません、これ、ちょっと

　　　　　　［　おおきな　・　おおきい　］んですが……。

　　店員：そうですか。では、こちらはいかがですか。

9．（　　　）に入る言葉を　　　　から選んで書きましょう。

アルバイトを始める前に

・（①　　　　　　　　　）をよく読んでください。

・店へ来たら、すぐ（②　　　　　　　　　）を押してください。

・（③　　　　　　　　　）を代わってもらいたいときは、先輩の（④　　　　　　　　　）
に言ってください。

・お店のみんなにもきちんとあいさつしてください。

スタッフ　　マニュアル　　シフト　　タイムカード

掃除（そうじ）　①～③は何（なん）ですか。

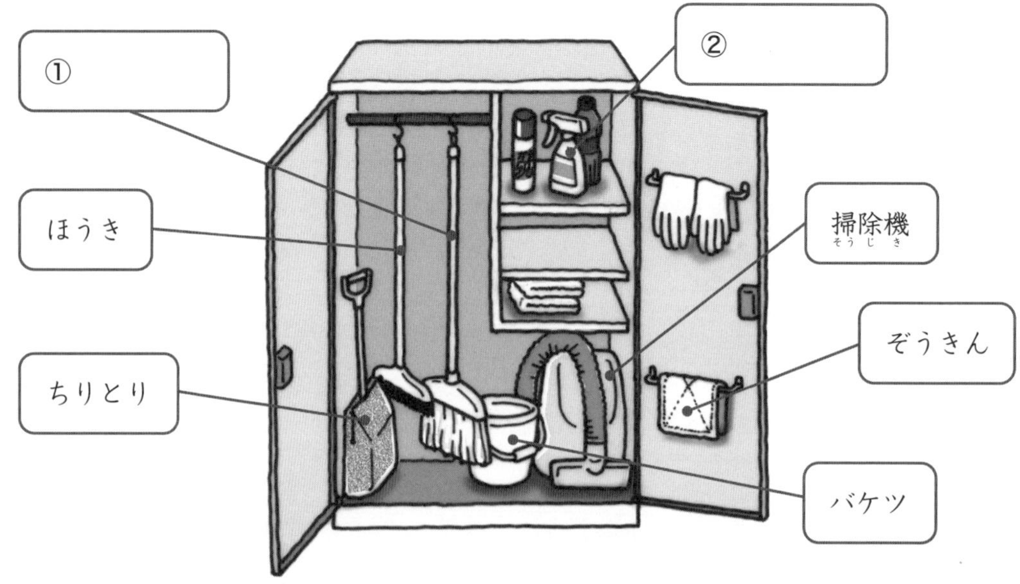

あなたはよくどこを掃除（そうじ）しますか。どうやって掃除（そうじ）しますか。

みんなで話そう！
（はな）

次の場面で使う言葉を ▭ から選んで書きましょう。それから、みんな
つぎ　ばめん　つか　ことば　　　　　　　えら　　　か

で話しましょう。
はな

ホテルに泊まる
（と）

ファッションショーに行く
（い）

野外ライブに行く
（や がい）　（い）

工場を見学する
（こうじょう　けんがく）

コンサート	フロント	ロック	サンプル
ツイン	シングル	モデル	ビール
かがみ	ひこうき	あんない	さつえい

1. ①〜⑫は何ですか。
なん

名詞
めいし

① （　　　　　）　② （　　　　　）　③ （　　　　　）　④ （　　　　　）

⑤ （　　　　　）　⑥ （　　　　　）　⑦ （　　　　　）　⑧ （　　　　　）

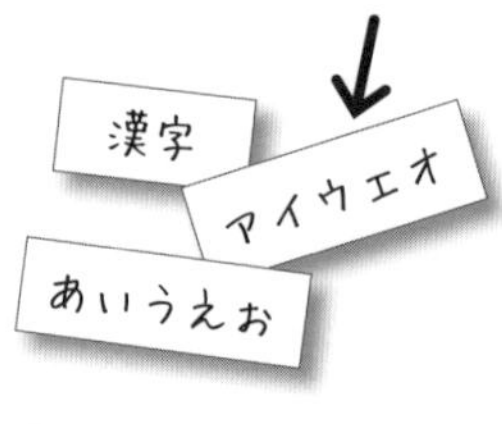

⑨ （　　　　　）　⑩ （　　　　　）　⑪ （　　　　　）

2. 線でつなぎましょう。
せん

名詞
めいし

例） 0歳から1歳くらいの子ども　　　　　・　　　━━━　・　あかちゃん
れい　さい　　さい　　　　こ

① 古い物や珍しい物を集めて見せるところ　・　　　　　　　・　はくぶつかん
ふる もの めずら もの あつ み

② パンやビールなどの材料　　　　　　　　・　　　　　　　・　むぎ
ざいりょう

③ パーティーや入学式などを行う場所　　　・　　　　　　　・　さつえい
にゅうがくしき おこな ばしょ

④ 写真やビデオを撮ること　　　　　　　　・　　　　　　　・　かいじょう
しゃしん と

3. ☐にカタカナを１つずつ書きましょう。

① ホテルの受付　……………………………………………　フ☐☐☐

② ベッドが１つで、１人で泊まる部屋……………………　シ☐☐☐

③ ベッドが２つで、２人で泊まる部屋……………………　ツ☐☐

④ お金をもらって、歌を歌う人……………………………　プ☐の歌手

⑤ デザイナーが作った新しい服を着て、ファッションショーや雑誌の仕事などをする人

　　……………………………………………………………　モ☐☐

⑥ イギリスやフランスなどの地域＊………………………　ヨ☐☐☐☐

＊地域 ＝ region ／地域／지역／ Khu vực

4. 意味が近い言葉を ☐ から選んで書きましょう。

① うまい　　　（　　　　　　　　）

② これから　　（　　　　　　　　）

③ ミルク　　　（　　　　　　　　）

④ おこなう　　（　　　　　　　　）

⑤ いっぱい　　（　　　　　　　　）

⑥ むこう　　　（　　　　　　　　）

たくさん	する
上手	今から
牛乳	あっち

5. ①〜⑦は何ですか。

① （　　　　　　）　② （　　　　　　）　③ （　　　　　　）　④ （　　　　　　）

⑤子どもが（　　　　　　）　⑥チラシを（　　　　　　）　⑦子どもに買い物を（　　　　　　）

6. （　　）に入る言葉を ▭ から選んで書きましょう。
　　必要なら形を変えてください。（言葉は1回だけ使います。）

①　この橋は江戸時代に（　　　　　　　　　　　）そうです。

②　公園で遊んでいたら、蚊にたくさん（　　　　　　　　　　　）しまいました。

③　昨日、子どものためのクラシックコンサートが（　　　　　　　　　　　）。

④　このビルは30年前に（　　　　　　　　　　　）そうです。

⑤　電話はベルによって（　　　　　　　　　　　）。

⑥　1億円が入ったかばんが（　　　　　　　　　　　）そうです。

⑦　この商品は来月1日に（　　　　　　　　　　　）予定です。

ひらかれる	たてられる	さされる	つくられる
はつばいされる	はつめいされる	はっけんされる	

7. どちらがいいですか。

①　アルバイトが終わったので、［　これから　・　それから　］帰ります。

②　うちへ帰って宿題をして、［　これから　・　それから　］すぐ寝ました。

③　私の夢は［　こくさい　・　せかい　］旅行をすることです。

④　ここは有名な［　こくさい　・　せかい　］空港です。

⑤　会議の［　つうやく　・　ほんやく　］をします。

⑥　先週、卒業式が［　おこなわれました　・　されました　］。

⑦　アンさんをデートに［　しょうたいしました　・　さそいました　］。

⑧　この大学には［　おおくの　・　おおい　］留学生がいます。

⑨　〈電話で〉

　　Ａ：Ｂさん、今、どこにいる？

　　Ｂ：ごめん。今、［　きている　・　むかっている　］ところ。

8. （　　）に入る言葉を ⬭ から選んで書きましょう。
必要なら形を変えてください。

> 　昨日、さくらタワーに上った。タワーは、遠くから見ると（①　　　　　　　　）
> みたいだった。タワーの上は景色がきれいで、（②　　　　　　　　）に富士山が
> 見えた。
> 　晩ご飯はもんじゃ焼きを食べた。思っていた味と違ったが、おいしかった。
> （③　　　　　　　　）お酒も飲んで、時計を見たら、11時半だった！
> 　でも、駅まで走って行ったら、終電に間に合った。よかった。

> えんぴつ　　　いっぱい　　　むこう

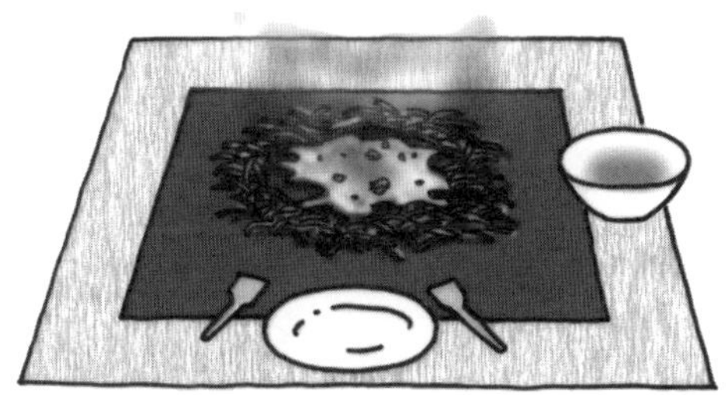

もっと覚(おぼ)えよう！

持(も)ち物(もの)　①〜⑤は何(なん)ですか。書(か)きましょう。

〈旅行(りょこう)〉

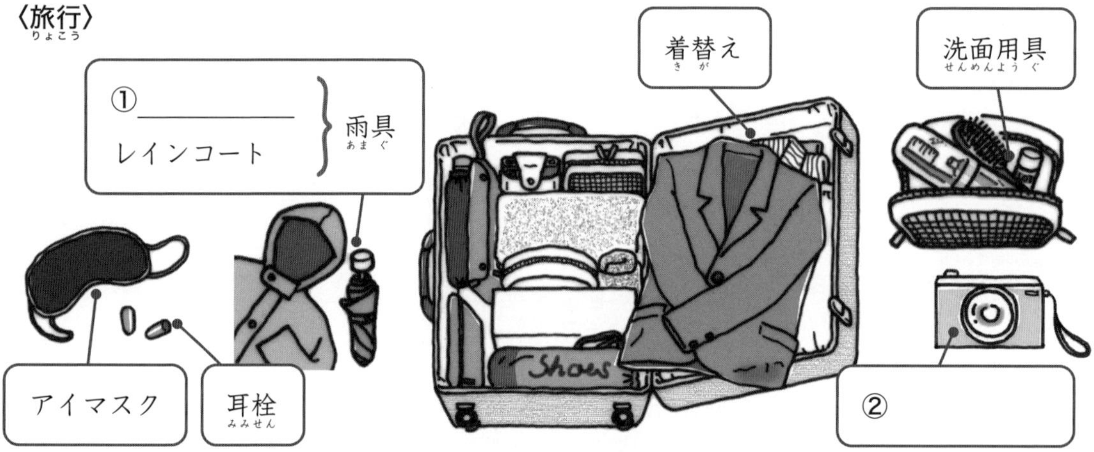

〈海水浴(かいすいよく)〉

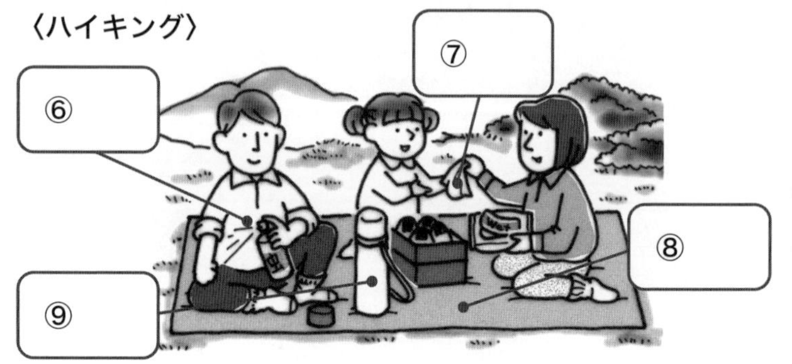

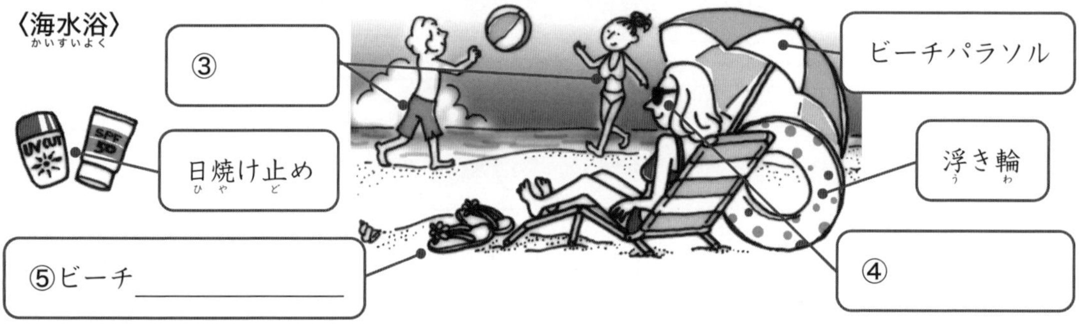

⑥〜⑨は何(なん)ですか。［　］から選(えら)びましょう。

〈ハイキング〉

a．ウェットティッシュ
b．水筒(すいとう)
c．レジャーシート
d．虫(むし)よけスプレー

あなたは、旅行(りょこう)／海水浴(かいすいよく)／ハイキングに何(なに)を持(も)っていきますか。

「を」を使うものと使わないものに分けましょう。
　　　つか　　　　　　つか　　　　　　　　わ

せつやくする	しゅっちょうする	ねぼうする
こしょうする	かくにんする	けんきゅうする
あんしんする	がいしょくする	りようする

を	×

1. ①〜④の動詞は何ですか。

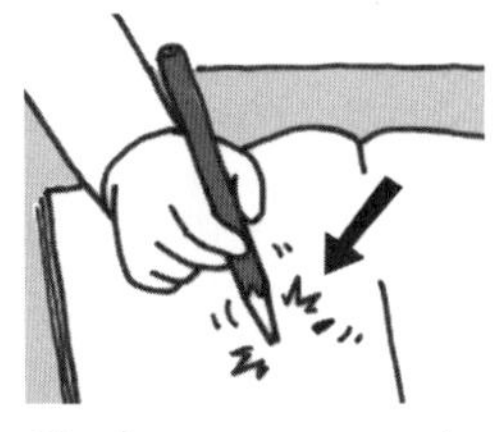  

① （　　　　　　　） ② （　　　　　　　） ③ （　　　　　　　） ↔ ④ （　　　　　　　）

2. （　　）に入る言葉を ⬭ から選んで書きましょう。
（はい ことば　　えら　か）
必要なら形を変えてください。
（ひつよう　かたち　か）

① 母は花をたくさん （　　　　　　　　　　　） います。
（はは　はな）

② 留学生活で、たくさんのことを （　　　　　　　　　　　）。
（りゅうがくせいかつ）

③ まだ時間はありますから、（　　　　　　　　　　　） ないでください。
（じかん）

> あきらめる　　そだてる　　まなぶ

3. ☐ にひらがなを1つずつ書きましょう。
（か）

① 日本は ぶ☐☐ が高いので、できるだけ せ☐☐☐ しています。
（にほん）（たか）

② 「いらっしゃいます」や「参ります」など、け☐☐ は使うのが難しいです。
（まい）（つか）（むずか）

③ 佐藤教授は中国の歴史を け☐☐☐☐ されているそうです。
（さとうきょうじゅ　ちゅうごく　れきし）

④ 道に落ちているごみを拾う ボ☐☐☐☐☐ に参加しています。
（みち　お　ひろ）（さんか）

⑤ 子どものときから、日本の ぶ☐☐ に き☐☐☐ を持っています。
（こ）（にほん）（も）

4．意味が近い言葉を □ から選んで書きましょう。

① こんや　　　　　（　　　　　　　　　）

② ぐあい　　　　　（　　　　　　　　　）

③ まなぶ　　　　　（　　　　　　　　　）

④ こしょうする　　（　　　　　　　　　）

勉強する	今晩
調子	壊れる

5．どちらがいいですか。

① 私は日本のファッションに興味が［　あります　・　持っています　］。

② 傘が［　こわれて　・　こしょうして　］しまいました。

③ 田中さんは大学に入るために、毎日5時間［　べんきょうしている　・　まなんでいる　］
そうです。

④ そばとうどんの［　ちがい　・　まちがい　］は何ですか。

⑤ 昨日、課長と食事に行きました。食事［　ひ　・　だい　］は課長が払ってくれました。

⑥ 1か月の食［　ひ　・　だい　］はだいたい2万円ぐらいです。

6．（　　）に入る言葉を □ から選んで書きましょう。

ヤン：キムさんは日本へ来て、何か変わったことがある？

キム：そうだなあ。よく歩くようになったよ。国では車に乗ることが多かったけど。

ヤン：そっか。それは私も同じ。私は（①　　　　　　　）外食しなくなった。

　　　こっちでは働いていないから、（②　　　　　　　）しなきゃと思って。

キム：（②）は大切だよね。

ヤン：キムさん、それ、何？

キム：タイ語の教科書。来週からタイへ1週間（③　　　　　　　）に行くから、勉強してるんだ。

ヤン：そうなんだ。頑張ってね。

しゅっちょう　　せつやく　　あんまり

もっと覚えよう！

①～③は何ですか。

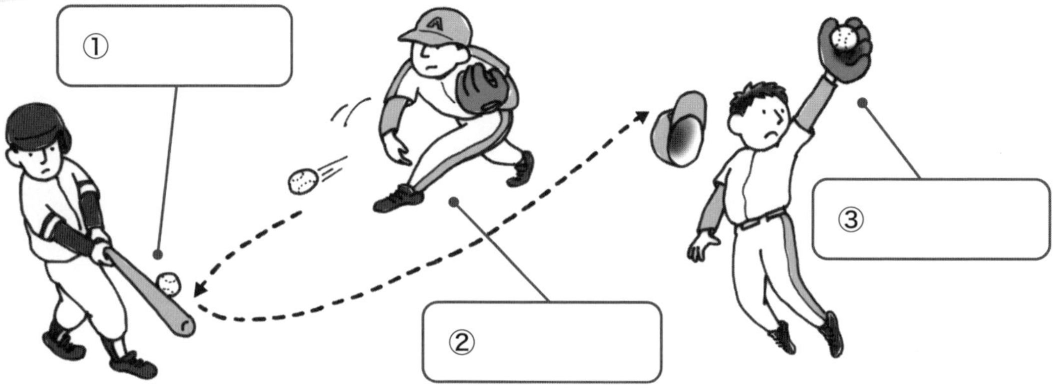

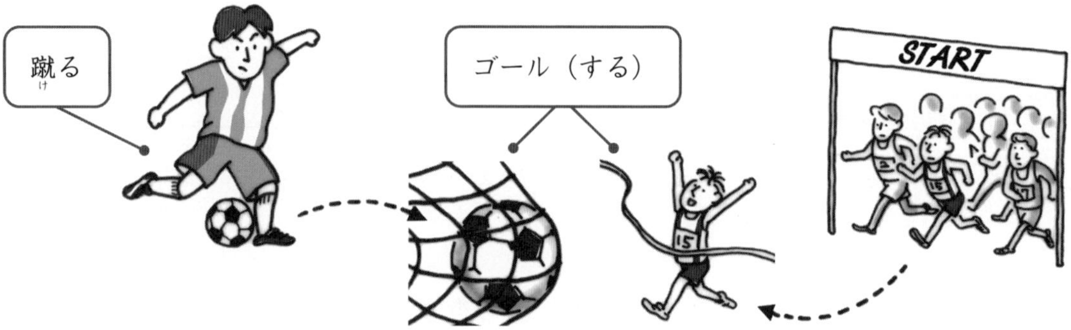

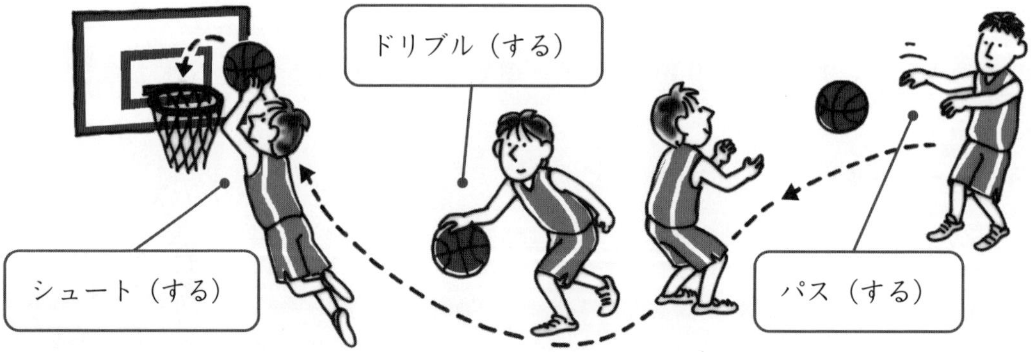

上の言葉を使って、3ヒントゲームをしましょう。

例）このスポーツは手を使ってはいけません。足でボールを蹴ります。
1チーム11人でします。何ですか。

一緒に使う言葉はどれですか。みんなで話しましょう。
いっしょ　つか　ことば　　　　　　　　　　　　　　　　はな

ストレス　痛み　体　足　肩　疲れ　首
いた　からだ　あし　かた　つか　　くび

　　　　　　　　　　　　　　　　　　　が　たまります。

　　　　　　　　　　　　　　　　　　　が　とれます。

　　　　　　　　　　　　　　　　　　　が　こります。

　　　　　　　　　　　　　　　　　　　が　ひえます。

1．①〜⑦は何ですか。

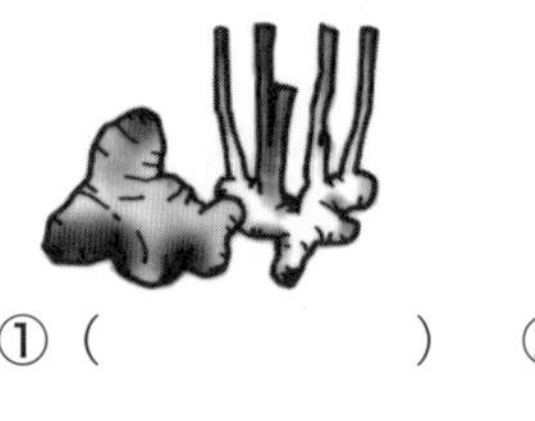   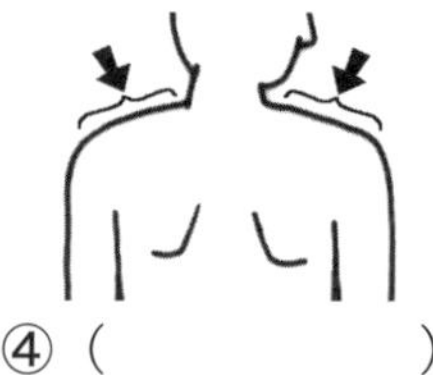

① (　　　　　)　② (　　　　　)　③ (　　　　　)　④ (　　　　　)

  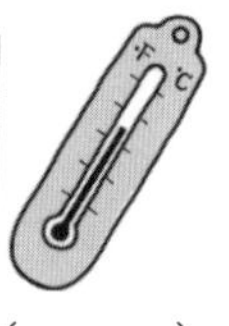

⑤ (　　　　　)　⑥温度 (　　　　　)
　　　　　　　　　おんど

2．①〜⑥の動詞は何ですか。
　　　　　どうし　なん

①傘を (　　　　　)　② (　　　　　)　③体を (　　　　　)
　かさ　　　　　　　　　　　　　　　　　　からだ

④背の高さを　　　　⑤ (　　　　　)　⑥ (　　　　　)
　せ　たか
　(　　　　　)

3．(　　　)に入る言葉を ⬜ から選んで書きましょう。
　　　　　はい　ことば　　　　えら　か

①　サラダに (　　　　　　　　) をかけて、食べます。
　　　　　　　　　　　　　　　　　　　　　　た

②　最近、運動不足なので、明日から (　　　　　　　　) に通おうと思っています。
　　さいきん　うんどうぶそく　　あした　　　　　　　　　　　　　かよ　　おも

③　イチゴには (　　　　　　　　) がたくさん入っています。
　　　　　　　　　　　　　　　　　　　　　　はい

④　ダイエットのために、(　　　　　　　　) を計算して、食べています。
　　　　　　　　　　　　　　　　　　　　けいさん　　た

⑤　（　　　　　　　　　　）がたまったときは、カラオケに行って、大きな声で歌うといいです。

⑥　健康のために、栄養の（　　　　　　　　　　）を考えて、食事しています。

⑦　運動したあとは、足を（　　　　　　　　　　）してから、寝るようにしています。

⑧　進学について先輩に（　　　　　　　　　　）をもらいました。

ビタミンC	カロリー	バランス	マッサージ
ドレッシング	ストレス	ジム	アドバイス

4．どちらがいいですか。　〜〜〜〜〜〜〜〜〜　気をつけて！

①　薬を飲みましたが、まだ［　いたい　・　いたみ　］があります。

②　毎日、インスタントラーメンを食べているので、［　うんどう　・　えいよう　］不足です。

③　1か月の生活費を［　はかります　・　けいさんします　］。

④　パクさんは今日、［　けんこう　・　ぐあい　］が悪そうです。

⑤　私が帰ると、弟が［　ねむり　・　ね　］ながら、テレビを見ていました。

⑥　今日はとても寒かったです。一日中外にいたので、体が［　ひえて　・　ひやして　］しまいました。

⑦　甘い物を食べると、疲れが［　とれます　・　とります　］。

⑧　［　このあいだ　・　このごろ　］暑くて、夜、寝られません。

5．（　　）に入る言葉を　⬜　から選んで書きましょう。　〜　文章の中で

リンさん

　（①　　　　　　　　　　）、学校であんまり（②　　　　　　　　　　）がないね。

どうしたの？　アルバイトで（③　　　　　　　　　　）がたまっているのかな。

　（④　　　　　　　　　　）しないでね。

サリー

むり　　げんき　　つかれ　　このごろ

もっと覚えよう！

オノマトペ （　　）に入る言葉を ◯ から選んで書きましょう。

・昨日、食べすぎたので、気持ちが悪いです。
　胃が（①　　　　　　　　）します。

・これからみんなの前でスピーチをします。**ドキドキ**します。

・今日はアルバイトでした。
　一日中、立っていたので、足が（②　　　　　　　　）です。

・昨日の夜から何も食べていません。（③　　　　　　　　）します。

・海で日焼けをしました。肩が**ヒリヒリ**します。

・お酒を飲みすぎました。頭が（④　　　　　　　　）します。

・料理をしたとき、ナイフで手を切ってしまいました。
　ズキズキします。

・昨日から熱があります。**ゾクゾク**します。

ガンガン　　ムカムカ　　フラフラ　　パンパン

 他にオノマトペ（擬音語・擬態語）を知っていますか。
クラスメイトに聞いてみましょう。

親の気持ち・子の気持ち
おや　きも　　こ　きも

みんなで話そう！
はな

どんなとき、しますか。みんなで話しましょう。
はな

なく	わらう

さわぐ	がんばる

卒業式　　　　　　　スポーツの練習　　（試験に）合格
そつぎょうしき　　　　　　れんしゅう　　　しけん　　ごうかく

サッカーの試合　　結婚式
しあい　　　けっこんしき

文化祭 （school festival ／文化节／축제／ Lễ hội văn hóa）
ぶんかさい

けんか　　　　　地震　　　　　　受験勉強
じしん　　　　　じゅけんべんきょう

1. ①〜④は何ですか。 名詞（めいし）

① （　　　　　　　）　② （　　　　　　　）　③ （　　　　　　　）　④ （　　　　　　　）

2. 線でつなぎましょう。 名詞（めいし）

① 父、母のこと。両親のこと　　　　　・　　　　　・ かいがい

② 外国　　　　　　　　　　　　　　　・　　　　　・ かじ

③ 掃除や洗濯、料理などの家の仕事　・　　　　　・ おや

3. （　　）に入る言葉を □ から選んで書きましょう。 動詞（どうし）
必要なら形を変えてください。（言葉は1回だけ使います。）

① 明日、クラスで自分の国の文化について（　　　　　　　　　　）。

② 両親が忙しいとき、よく弟の（　　　　　　　　）いました。

③ 朝早く、道で（　　　　　　　　）いる人がいて、うるさかったです。

④ 嫌いな物も（　　　　　　　　）ないで、食べましょう。

⑤ 宿題を（　　　　　　　　）なければならないのに、ゲームをしてしまいました。

⑥ 悲しい小説を読んで、電車の中で（　　　　　　　　）しまいました。

> やる　　せわをする　　なく　　のこす　　さわぐ　　はっぴょうする

4．どちらがいいですか。

① 行くかどうか、迷いましたが、[しっかり ・ やっぱり] 行かないことにしました。

② 明日、会話テストをするので、[かならず ・ ぜったいに] 遅れないでください。

③ 部屋の掃除をしなかったので、母に [しかられました ・ ほめられました]。

④ 子どもを育てながら働く [はは ・ ははおや] はとても多くなりました。

⑤ パーティーのチケットを1人1枚 [ずつ ・ だけ] 配りました。

⑥ A：山田さん、マラソン大会で優勝*したそうですよ。

    B：へえ、[えらいです ・ すごいです] ね。

*優勝 ＝ to win ／夺冠／우승／ Vô địch

⑦ 〈遊園地で〉

    A：ジェットコースターに乗ろうよ。

    B：[いや ・ きらい] ！ 怖すぎる！

5．（　　）に入る言葉を ▭ から選んで書きましょう。必要なら形を変えてください。

> 私が子どものとき、父は教育にとても（①　　　　　　　　　　　）。いつも私や弟に（②　　　　　　　　　　）一生懸命やれと言っていました。（③　　　　　　　　）で、夜、（④　　　　　　　　　）勉強させられました。その頃の思い出は叱られたことばかりです。私は子どもができたら、あまり（⑤　　　　　　　　　）したくないです。いろいろなことを（⑥　　　　　　　）させたいと思います。

きびしい　　ねっしん　　じゆう　　なんでも　　おそくまで　　じゅく

学校
がっこう

①〜⑤は何ですか。
なん

〈日本の教育制度*〉
にほん　きょういくせいど

*教育制度 = educational system ／教育制度／교육 제도／ Hệ thống giáo dục
きょういくせいど

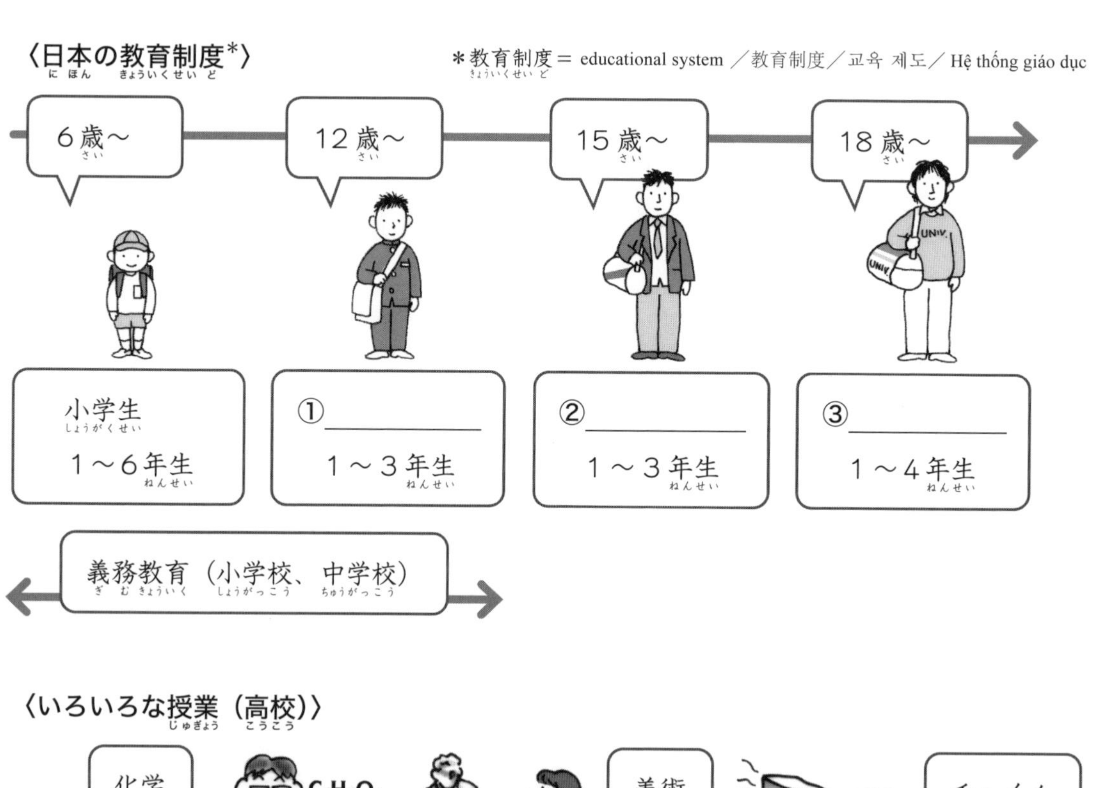

〈いろいろな授業（高校）〉
じゅぎょう　こうこう

どんな科目が好きでしたか。
かもく　す

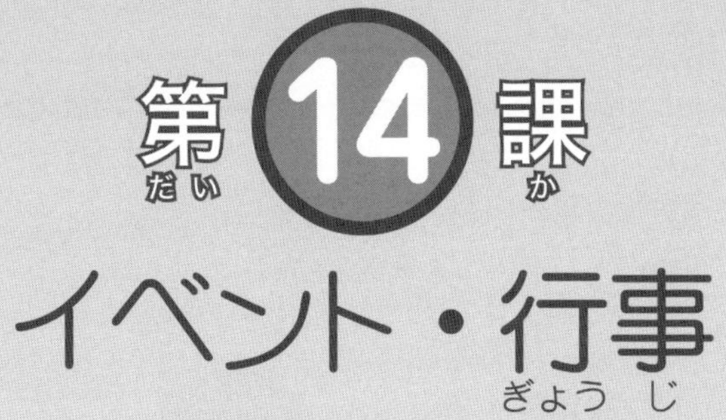

みんなで話そう！
はな

あなたは次のものを持っていますか。食べたことがありますか。
つぎ　　　　　　　も　　　　　　　　　た
したことがありますか。グループに分けましょう。
わ

ぎょうざ	からて	てぶくろ	しょうぎ	ストーブ
ねぼう	やきとり	テコンドー	ウナギ	ライター
キャンプ	なつバテ	ハンカチ	おせきはん	がっき

持っている
も

食べたことがある
た

したことがある

1．①〜⑦は<ruby>何<rt>なん</rt></ruby>ですか。

① （　　　　　　）　② （　　　　　　）　③ （　　　　　　）　④ （　　　　　　）

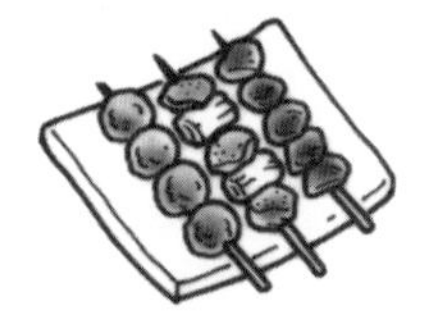

⑤ （　　　　　　）　⑥ （　　　　　　）

2．①〜⑯は<ruby>何<rt>なん</rt></ruby>ですか。

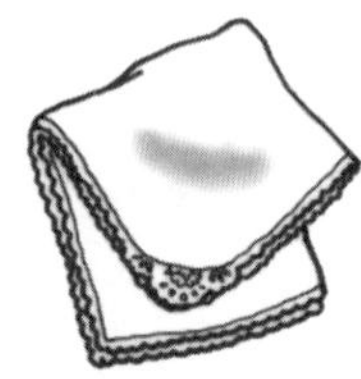

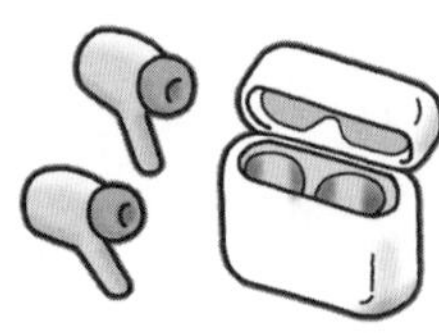

① （　　　　　　）　② （　　　　　　）　③ （　　　　　　）　④ （　　　　　　）

⑤ （　　　　　　）　⑥ （　　　　　　）　⑦ （　　　　　　）　⑧ （　　　　　　）

⑨ （　　　　　　）　⑩ （　　　　　　）　⑪ （　　　　　　）　⑫ （　　　　　　）

⑬ （　　　　　　　　）　⑭ （　　　　　　　　）　⑮ （　　　　　　　　）　⑯ （　　　　　　　　）

3. （　　）に入る言葉を ▭ から選んで書きましょう。　　名詞（めいし）

① 子ども：わあ、今日は（　　　　　　　　　）だね！

　　母　　：お兄ちゃんの誕生日だからね。

② 旅行のお土産に、かわいいゾウの（　　　　　　　　）をもらいました。

③ この学校はスピーチコンテストやクリスマスパーティーなど、（　　　　　　　　　　）が

　　たくさんあります。

④ 祖母に昔の（　　　　　　　　）を教えてもらいました。

⑤ うちの（　　　　　　　　）のお墓はこの町にあります。

> ぎょうじ　　ごちそう　　あそび　　おきもの　　せんぞ

4. 線でつなぎましょう。　　名詞（めいし）

① 新年のあいさつのはがき　　　　・　　　　　・　ふろしき

② 物を包むときに使う布　　　　　・　　　　　・　おせきはん

③ お祝いのときに食べる赤いご飯　・　　　　　・　ねんがじょう

④ 12月31日　　　　　　　　　　・　　　　　・　おせちりょうり

⑤ お正月に食べる特別な料理　　　・　　　　　・　おおみそか

5. ①〜④の動詞は何ですか。

   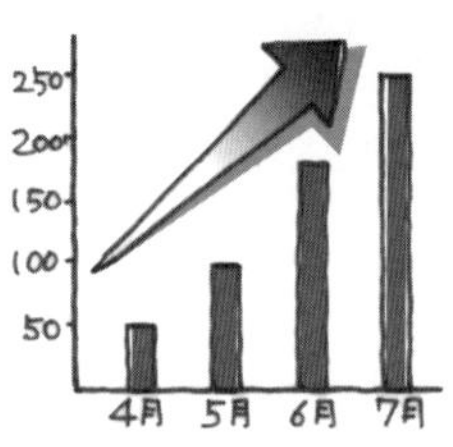

① (　　　　　　)　② (　　　　　　)　③ (　　　　　　)　④ (　　　　　　)

6. (　　)に入る言葉を　　　から選んで書きましょう。 　　必要なら形を変えてください。

① これから暑くなるので、(　　　　　　　　　) ないように気をつけてください。

② いつも私の夢を応援してくれる両親にはとても (　　　　　　　) います。

③ 引っ越し祝いにストーブは (　　　　　　　) ないほうがいいと言われています。

　　火事を (　　　　　　　) からです。

④ 祖父と祖母には (　　　　　　　) もらいたいです。

⑤ 今年も 12 月になったら、クリスマスツリーを (　　　　　　　)。

⑥ お正月に、お寺や神社へ行って、家族の健康を (　　　　　　　)。

⑦ この言葉は (　　　　　　　) のが難しいです。

⑧ 中学生は、心も体も大きく (　　　　　　　) ときです。

おくる	かざる	いのる
せいちょうする	かんしゃする	ながいきする
なつバテする	れんそうする	はつおんする

7. どちらがいいですか。

① 私と彼女は [さい ・ とし] が同じです。

② 会議の前に、いすの [かず ・ りょう] を確認します。

③ 弟は漫画を [おおぜい ・ たくさん] 持っています。

④ 誕生日のお客様には [とくに ・ とくべつな] サービスがあります。

⑤ A：ねえ、来週、クラスの [みなさん ・ みんな] で遊びに行こうよ。

　　B：いいねえ。

8. （　　）に入る言葉を ⬭ から選んで書きましょう。

これは折り紙で作った鶴*を 1000 羽*集めたもの
で、千羽鶴と言います。「鶴は千年、亀は万年」と言
うように、鶴は長生きの（①　　　　　　　　）なので、
1000 羽折る*と、病気が治ると言われています。で
すから、入院している人の（②　　　　　　　　）に
よく贈られます。

　　＊鶴 ＝ crane ／鶴／학／ Con hạc

　　＊〜羽（わ／ば／ぱ）＝鳥を数えるとき使う言葉 (counter for birds ／只／마리／ 〜 con (từ dùng để đếm chim))

　　＊折る ＝ to fold ／叠／접다／ Gấp

父は今年、還暦です。60 歳になるという意味です。
還暦の（③　　　　　　　　）には、赤い物を贈ります。
還暦には生まれたときに戻るという意味があります。
昔の赤ちゃんの服は赤かったので、この習慣が生まれ
たと言われています。

> おいわい　　おみまい　　シンボル

いろいろな行事

いつ、何がありますか。

1月1日〜3日 …………………（①　　　）
1月第2月曜日 ………………… 成人の日
2月3日ごろ …………………（②　　　）
2月14日 …………………（③　　　）
3月3日 …………………（④　　　）
5月5日 ………………… こどもの日
5月第2日曜日 ………………… 母の日
6月第3日曜日 ………………… 父の日
7月7日 ………………… 七夕
7月／8月中旬 …………………（⑤　　　）
9月中旬 ………………… お月見
9月第3月曜日 …………………（⑥　　　）
11月15日 …………………（⑦　　　）
12月25日 …………………（⑧　　　）
12月31日 …………………（⑨　　　）

① 初詣（はつもうで）　お年玉（としだま）　初夢（はつゆめ）

④ ひな人形（にんぎょう）

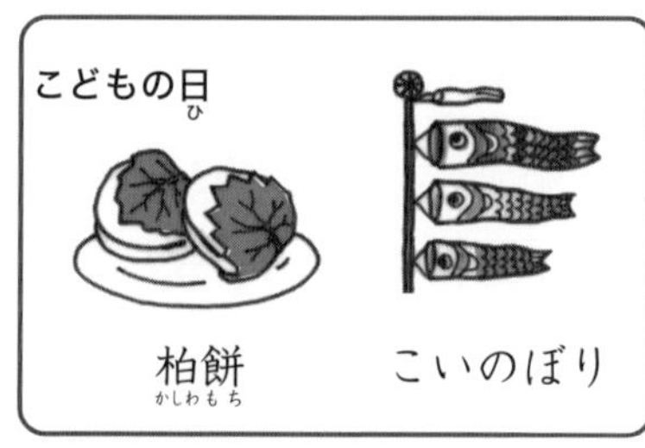

こどもの日　柏餅（かしわもち）　こいのぼり

⑦ 千歳飴（ちとせあめ）

⑨ 除夜の鐘（じょやのかね）　年越しそば（としこし）

a. 節分（せつぶん）　b. ひな祭り（まつり）　c. 敬老の日（けいろうのひ）　d. クリスマス　e. 大みそか（おお）
f. お正月（しょうがつ）　g. 七五三（しちごさん）　h. お盆（ぼん）　i. バレンタインデー

あなたの国にはどんな行事がありますか。

気になるニュース
き

みんなで話そう！
はな

一緒に使う言葉はどれですか。みんなで話しましょう。
いっしょ　つか　ことば　　　　　　　　　　　　　　はな

量 りょう	洋服 ようふく	子ども こ	自動車 じどうしゃ	値段 ねだん	物価 ぶっか	円高 えんだか	気温 きおん
数 かず	円安 えんやす	温暖化 おんだんか	食料品 しょくりょうひん	研究 けんきゅう	エレベーター		

　が　あがる／さがる。

　を　ゆにゅうする／ゆしゅつする。

　が　ふえる／へる。

　が　すすむ。

1. ①〜④は何ですか。

名詞
めいし

① (　　　　　　)
② (　　　　　　)
③ (　　　　　　)
④ (　　　　　　)

2. 線でつなぎましょう。
せん

名詞
めいし

① 日本へ来ること　　　　　　　　　　　　・　　　・　らいにち

② 他の国と物を売ったり、買ったりすること　・　　　・　ぞうか

③ 増えること　　　　　　　　　　　　　　　・　　　・　ぼうえき

3. (　　)に入る言葉を◯◯から選んで書きましょう。
はい　　ことば　　　　えら　　か
必要なら形を変えてください。
ひつよう　かたち　か

動詞
どうし

① 私は犬が大好きです。それで、犬を3匹 (　　　　　　　　　) います。
わたし　いぬ　だいす　　　　　　　　　いぬ　ひき

② 公園にたくさんの花が (　　　　　　　　) います。
こうえん　　　　　　はな

③ あなたの国と日本を (　　　　　　　　) て、違うところは何ですか。
くに　にほん　　　　　　　　　　　　ちが　　　　　　なん

④ 暑いので、アイスクリームがすぐ (　　　　　　　　) しまいました。
あつ

⑤ 今年も2月になってから、インフルエンザが (　　　　　　　　) います。
ことし　がつ

⑥ 友達に結婚式のスピーチを (　　　　　　　　)。
ともだち　けっこんしき

> くらべる　　さく　　りゅうこうする　　とける　　おねがいする　　かう

4. （　　）に入る言葉を□から選んで書きましょう。
必要なら形を変えてください。
ひつよう　かたち　か

① きちんと掃除をしたと思ったのに、まだ（　　　　　　　　）ところがありました。
　そうじ　　　　　　おも

② ここからは（　　　　　　　　）ので、立入禁止です。
　　　　　　　　　　　　　　　たちいりきんし

③ ハワイは（　　　　　　　　）気候*で、日本人にも人気があります。
　　　　　　　　　　　　　きこう　　にほんじん　にんき

*気候＝ climate ／气候／기후／ Khí hậu
　きこう

きけん　　きたない　　おんだん

5. どちらがいいですか。

① 私のクラスには毎日運動する人は［　だいたい　・　ほとんど　］いません。
　わたし　　　　　　まいにちうんどう　ひと

② 欠席するときは、その［　げんいん　・　りゆう　］を知らせてください。
　けっせき　　　　　　　　　　　　　　　　　　　し

③ A：一緒に映画を見に行かない？　アルバイト、ないよね。
　　いっしょ　えいが　み　い

　　B：うん、［　しかし　・　でも　］、明日テストがあるから……。ごめんね。
　　　　　　　　　　　　　　　　あした

④ ガソリンの値段が［　だんだん　・　どんどん　］上がってきました。
　　　　　　ねだん　　　　　　　　　　　　　　　　あ

⑤ 日曜日はうちで家族と［　せいかつしました　・　すごしました　］。
　にちようび　　　　かぞく

⑥ 昨日の夜、この交差点で車の［　じこ　・　じけん　］があったそうです。
　きのう　よる　　こうさてん　くるま

⑦ 教師：わからないことがあったら、［　しつもん　・　もんだい　］に来てください。
　きょうし　　　　　　　　　　　　　　　　　　　　　　　　　　　　　き

　　学生：はい、ありがとうございます。
　　がくせい

6. （　　）に入る言葉を□から選んで書きましょう。

将来、就職するのに英語が必要だと思って、（①　　　　　　　　）教室に通っている。
しょうらい　しゅうしょく　えいご　ひつよう　おも　　　　　　　　　きょうしつ　かよ

（②　　　　　　　　）しないように頑張っていたけど、アルバイトが忙しくて、今日
　　　　　　　　　　　　　　がんば　　　　　　　　　　　　　いそが　　　　きょう

は休んでしまった。それで、アルバイトのあとで、先生に（③　　　　　　　　）
　やす　　　　　　　　　　　　　　　　　　　　　　せんせい

会って、（④　　　　　　　　）を説明した。来週、「最近気になること」という
あ　　　　　　　　　　　　　せつめい　らいしゅう　さいきんき

（⑤　　　　　　　　）で発表をするそうだ。頑張ろう。
　　　　　　　　はっぴょう　　　　　　がんば

けっせき　　えいかいわ　　テーマ　　じじょう　　ちょくせつ

パソコン　　1.　①～⑥は何ですか。◯◯から選びましょう。

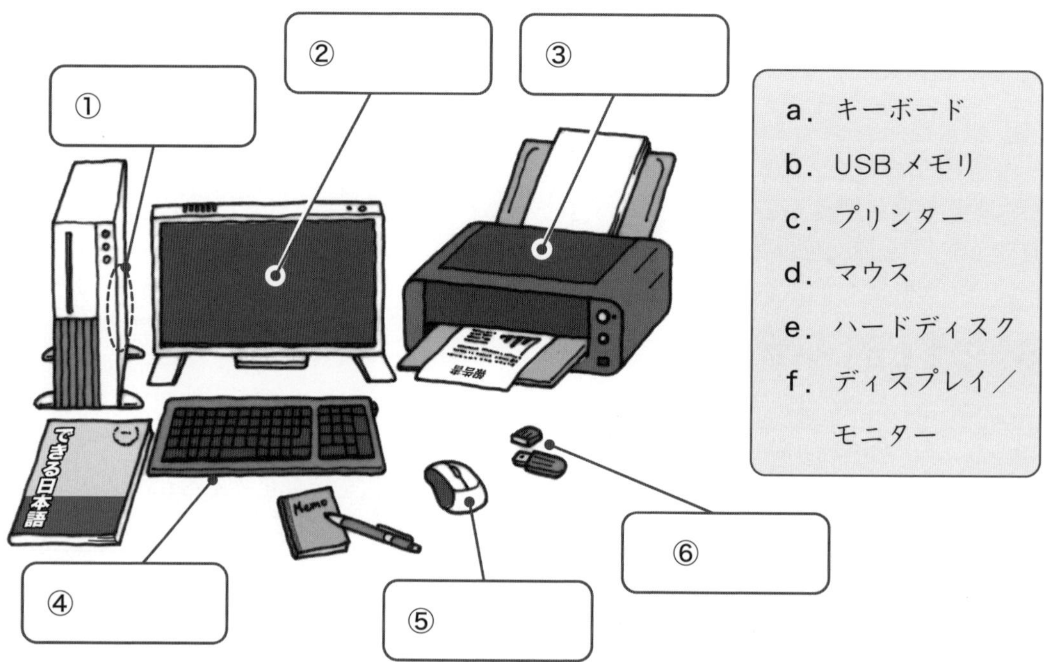

2.　どちらがいいですか。

① パソコンの電源を ［ 入れて ・ つけて ］ 立ち上げます。

② 使いたいソフトを選んで、［ クリック ・ フリーズ ］します。

③ 書類をプリンターで ［ 印刷 ・ コピー ］します。

④ クラウドストレージにデータを ［ 保存します ・ 消します ］。

⑤ SNS に自分で撮った写真を ［ アップロード ・ ダウンロード ］します。

⑥ 最近、Web 会議システムを使って、［ オンライン ・ オフライン ］で会議を
しています。

⑦ ウイルスに ［ 感染する ・ 入る ］と、パソコンが ［ クリック ・ フリーズ ］
したり、データが壊れたりします。

 パソコンでどんなことをしますか。

<ruby>復<rt>ふく</rt></ruby> <ruby>習<rt>しゅう</rt></ruby>

できるかな？

① 将来、日本語の ［ つうやく ・ ほんやく ］ になりたいです。

② お寿司をしょうゆに ［ つけて ・ かけて ］ 食べます。

③ 父はいつも8時 ［ ころ ・ ごろ ］ 帰ってきます。

④ ［ だれ ・ だれか ］ に傘を間違えられてしまったようです。

⑤ どこかで財布を ［ おちて ・ おとして ］ しまいました。

⑥ 嫌いな野菜はありません。［ なにも ・ なんでも ］ 食べます。

⑦ パスポートは ［ ぜったいに ・ かならず ］ なくさないでください。

⑧ 私は足が ［ おおきい ・ おおきな ］ ので、いつも靴を探すのが大変です。

⑨ 日本には私の国と ［ ちがう ・ ちがい ］ 習慣がたくさんあります。

⑩ 〈仕事で、お客様に〉
　 ご連絡が遅くなって、［ もうしわけありません ・ ごめんなさい ］。

名詞
めいし

1. （　　）に入る言葉を ⬭ の中から選んで書きましょう。
　　　（言葉は1回だけ使います。）

① 最近、子どもの（　　　　　　　　）にお金がかかって、大変です。

② 地域の文化センターでは、毎月、（　　　　　　　　）交流のイベントを行っています。

③ （　　　　　　　　）会社で働いているので、よく海外に出張します。

④ お酒を飲んだら運転してはいけないと（　　　　　　　　）で決められています。

⑤ 世界のお金の動きについて学びたいので、（　　　　　　　　）学部に入りました。

⑥ その国の古い（　　　　　　　　）を知ると、もっとよくその国のことがわかるように

なります。

> けいざい　　ほうりつ　　れきし　　ぼうえき　　きょういく　　こくさい

⑦ 大学合格を（　　　　　　　　）に毎日5時間勉強しています。

⑧ A：みんなでカラオケに行きたいと思っているんですが、いつが（　　　　　　　　）が

いいですか。

B：そうですね。来週の土曜日はどうですか。

⑨ 明日の社長の（　　　　　　　　）を確認しておきます。

⑩ 子どもが大きくなったら、妻と世界中を旅行するのが（　　　　　　　　）です。

⑪ （　　　　　　　　）、どんな仕事をしたいですか。

⑫ また日本へ来る（　　　　　　　　）があったら、今度はぜひ沖縄へ行ってみたいです。

> ゆめ　　しょうらい　　よてい　　つごう　　きかい　　もくひょう

⑬ すみません、この漢字の（　　　　　　　）を教えていただけませんか。

⑭ 子どもの前でお金の（　　　　　　）はしないでください。

⑮ まだ日本語の勉強を始めたばかりなので、知っている（　　　　　　）はあまり多く
ないです。

⑯ 何か（　　　　　　　）があったら、はっきりみんなに伝えましょう。

いけん　　ことば　　はなし　　いみ

⑰ 私はお金より（　　　　　　　）で買い物するほうが多いです。

⑱ 日本では映画館で学生が（　　　　　）を見せると、チケットが安くなります。

⑲ １週間に５日、電車やバスを利用するなら（　　　　　　　）を買ったほうがお得です。

⑳ 明日京都へ行くんですが、新幹線の（　　　　　　）をまだ買っていません。

ていきけん　　きっぷ　　カード　　がくせいしょう

㉑ たいてい、駅の西（　　　　　　　）で友達と待ち合わせします。

㉒ この紙を１人２枚（　　　　　）配っておいてください。

㉓ この学校は授業（　　　　　　）がそんなに高くないです。

㉔ 朝食（　　　　　　）のホテルを予約してくれませんか。

㉕ Ａ：すみません、新宿（　　　　　　）の電車は何番線ですか。

　　Ｂ：５番線ですよ。

りょう　　つき　　ぐち　　ゆき　　ずつ

２．違うものが１つあります。どれですか。

① ［　にんぎょう　・　セーター　・　きもの　・　コート　］

② ［　しょっき　・　なべ　・　かべ　・　かびん　］

③ ［　ほんだな　・　えんぴつ　・　かがみ　・　どろぼう　］

④ ［　くび　・　みち　・　さか　・　いけ　］

⑤ ［　くうこう　・　きんじょ　・　たいしかん　・　こうじょう　］

3．線でつなぎましょう。

① あじ　　　・　　　　・　△、○、□……

② がっき　　・　　　　・　甘い、辛い、すっぱい……

③ いろ　　　・　　　　・　山、湖、木……

④ かたち　　・　　　　・　赤い、青い、白い……

⑤ しぜん　　・　　　　・　ギター、ピアノ、三味線……

4．どちらがいいですか。

① A：このホテルの［　ふんいき　・　ぐあい　］はいいですね。

　　B：ええ、それで、人気があるんです。

② A：［　げんき　・　けんこう　］のために、何かスポーツをしたほうがいいですよ。

　　B：そうですね。何か始めようかな。

③ A：［　いえ　・　うち　］の親、勉強しろってうるさいんだ。

　　B：そうなんだ。大変だね。

④ A：どの野球チームが好き？

　　B：うーん、野球にあんまり［　きょうみ　・　しゅみ　］、ないから……。

⑤ A：私のうちでは、お風呂に入ったあと、必ず果物を食べるんだ。

　　B：へえ、おもしろい［　ぶんか　・　しゅうかん　］だね。

5．□にカタカナを1つずつ書きましょう。

① 今日はパーティーなので、［ア］［　］［　］［　］［　］をたくさんつけて行きます。

② 交通［ル］［　］［　］をきちんと覚えて運転しましょう。

③ 服を買うときは、必ず［サ］［　］［　］を確認したほうがいいです。

④ パソコンで人気のお店の［ホ］［　］［　］［　］［　］を見てみます。

⑤ お手洗いに行ったとき、［ハ］［　］［　］を忘れたことに気がつきました。

⑥ 嫌な仕事ばかりさせられるので、［ス］［　］［　］がたまります。

動詞
どうし

1. 意味が近い言葉を ▭ から選んで書きましょう。
（いみ　ちか　ことば　　　　　　えら　　　　か）

① りようします　　　　（　　　　　　　　　　　　　　）

② たしかめます　　　　（　　　　　　　　　　　　　　）

③ きゅうけいします　　（　　　　　　　　　　　　　　）

④ こしょうします　　　（　　　　　　　　　　　　　　）

⑤ しゅうりします　　　（　　　　　　　　　　　　　　）

⑥ しゅっぱつします　　（　　　　　　　　　　　　　　）

確認します かくにん	壊れます こわ	使います つか	休みます やす	出ます で	直します なお

2. 反対の言葉を書きましょう。
（はんたい　ことば　か）

① やせます　　　　　　　　　⇔　（　　　　　　　　　　　）

② たいいんします　　　　　　⇔　（　　　　　　　　　　　）

③ エレベーターがあがります　⇔　エレベーターが（　　　　　　　　　　　）

④ 授業にしゅっせきします　　⇔　授業を（　　　　　　　　　）
　じゅぎょう　　　　　　　　　　　じゅぎょう

⑤ 貯金がふえます　　　　　　⇔　貯金が（　　　　　　　　　）
　ちょきん　　　　　　　　　　　　ちょきん

⑥ 子どもをしかります　　　　⇔　子どもを（　　　　　　　　　）
　こ　　　　　　　　　　　　　　　こ

⑦ 服がぬれます　　　　　　　⇔　服が（　　　　　　　　　）
　ふく　　　　　　　　　　　　　　ふく

3. 自動詞・他動詞のペアを書きましょう。
（じどうし　たどうし　　　か）

自動詞 じどうし	他動詞 たどうし	自動詞 じどうし	他動詞 たどうし	自動詞 じどうし	他動詞 たどうし
決まる き	①	残る のこ	⑤	⑨	届ける とど
②	上げる あ	⑥	回す まわ	並ぶ なら	⑩
③	なくす	動く うご	⑦		
壊れる こわ	④	⑧	冷やす ひ		

4.「〜する」の形にできるものに○をつけましょう。

イメージ（　　　）　　　　　バランス（　　　）　　　　　アンケート（　　　）

プラン（　　　）　　　　　　ダウンロード（　　　）　　　サイクリング（　　　）

インフルエンザ（　　　）　　グラフ（　　　）　　　　　　インタビュー（　　　）

5.（　　）に入る言葉を◯◯から選んで書きましょう。
   （言葉は1つだけ選びます。）

① 花が（　　　　　　　　）。

② 肉が（　　　　　　　　）。

③ ひもが（　　　　　　　　）。

④ 赤ちゃんが（　　　　　　　　）。

⑤ お金が（　　　　　　　）。

⑥ 犬を（　　　　　　）。

⑦ 試験を（　　　　　　　）。

⑧ 傘を（　　　　　　）。

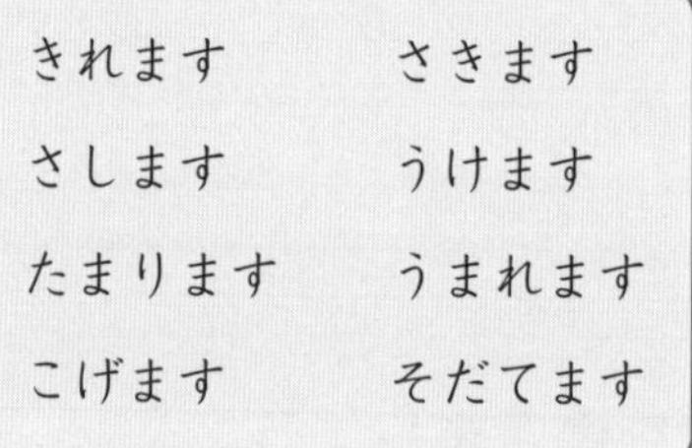

きれます	さきます
さします	うけます
たまります	うまれます
こげます	そだてます

6. どちらがいいですか。

① この歌を聞くと、高校生のときのことを ［ おぼえます ・ おもいだします ］。

② コーヒーを飲むために、お湯を ［ わかしました ・ ふっとうしました ］。

③ テストをしますから、机の上を ［ しまって ・ かたづけて ］ください。

④ 電車の中で、おばあさんに席を ［ ゆずりました ・ あげました ］。

⑤ 台風で木が ［ たおれました ・ ころびました ］。

⑥ 母の日のプレゼントは何がいいか、よく ［ おもいます ・ かんがえます ］。

⑦ 山に登るとき、このコートは本当に役に ［ たちます ・ なります ］。

⑧ 引っ越しを友達が ［ たすけて ・ てつだって ］ くれました。

7. （　　）に入る言葉を　⬭　から選んで書きましょう。
必要なら形を変えてください。

① 留学中の子どもから電話がかかってきました。最近、連絡がなかったので、
元気かどうか、（　　　　　　　　　　）いましたが、声を聞いて、（　　　　　　　　　　）。

② いつも応援してくれる家族には、本当に（　　　　　　　　　　）います。

③ 週末はデートなのに、着る服がなくて、（　　　　　　　　　　）います。

④ 好きな歌手のコンサートに行きたかったのですが、チケットが高いので、行くのを
（　　　　　　　　　　）。

⑤ 大学に合格できるように、（　　　　　　　　　　）たいと思います。

⑥ 友達に急に後ろから呼ばれて、（　　　　　　　　　　）。

⑦ 寮では、夜遅くに（　　　　　　　　　　）はいけないことになっています。

⑧ Ａ：これはＢさんのですか。　　Ｂ：（　　　　　　　　　　）。田中さんのです。

おどろく		ちがう	こまる	しんぱいする	あきらめる
かんしゃする	さわぐ	がんばる	あんしんする		

8. （　　）に入る言葉を　⬭　から選んで書きましょう。
必要なら形を変えてください。

① あのケーキ屋の前を（　　　　　　　　　　）と、いつもいいにおいがします。

② 去年と（　　　　　　　　　　）と、今年は暖かいです。

③ あの兄弟はとても（　　　　　　　　　　）います。

④ すみませんが、こちらのアンケートに（　　　　　　　　　　）いただけませんか。

⑤ 友達に知らない言葉の意味を（　　　　　　　　　　）もらいました。

⑥ 雨が降るかもしれないので、傘も（　　　　　　　　　　）おきましょう。

⑦ 国へ帰ってからも、日本語の勉強を（　　　　　　　　　　）たいです。

⑧ 友達のチームを（　　　　　　　　　　）が、負けてしまいました。

くらべる	おうえんする	とおる	せつめいする
よういする	にる	つづける	こたえる

形容詞
けいようし

---

1. 反対の言葉を書きましょう。
  はんたい　ことば　か

① この電車ははやいです。　⇔　あの電車は（　　　　　　　　　　）。
　　　でんしゃ　　　　　　　　　でんしゃ

② この店のラーメンは味がうすいです。
　　みせ　　　　　　　あじ

　　⇔　あの店のラーメンは味が（　　　　　　　　　　）。
　　　　　みせ　　　　　　　あじ

③ このお皿はきれいです。　⇔　あのお皿は（　　　　　　　　　　）。
　　　　さら　　　　　　　　　　　さら

④ この映画はおもしろいです。　⇔　あの映画は（　　　　　　　　　　）。
　　　えい　が　　　　　　　　　　　　えい　が

⑤ この教科書はうすいです。　⇔　あの教科書は（　　　　　　　　　　）。
　　　きょう か しょ　　　　　　　　　きょう か しょ

⑥ このパソコンはおもいです。　⇔　あのパソコンは（　　　　　　　　　　）。

⑦ このチームはつよいです。　⇔　あのチームは（　　　　　　　　　　）。

2. （　　）に入る言葉を ▭ の中から選んで書きましょう。
　　　　はい　ことば　　　　なか　えら　　か
　必要なら形を変えてください。（言葉は１回だけ使います。）
　ひつよう　かたち　か　　　　　　　　ことば　　かい　つか

① 昨日、駅で転んでしまいました。みんなに見られて、（　　　　　　　　　　）。
　きのう　えき　ころ　　　　　　　　　　　み

② ルームメイトのリンさんは朝早く起きるのが（　　　　　　　　　）。それで、いつも
　　　　　　　　　　　　　あさはや　お

授業に遅刻します。
じゅぎょう　ちこく

③ 私は英語が（　　　　　　　　　）から、将来、英語を使った仕事をしたいです。
　わたし　えいご　　　　　　　　　　　しょうらい　えいご　つか　　しごと

④ 友達が誕生日パーティーをしてくれました。（　　　　　　　　　）。
　ともだち　たんじょうび

⑤ 子どものときは、ピアノの練習をするのが（　　　　　　　　　）が、上手になって
　こ　　　　　　　　　　　れんしゅう　　　　　　　　　　　　　　　じょうず

きたら、楽しくなりました。
　　　たの

にがて　　うれしい　　いや　　はずかしい　　とくい

3. どちらがいいですか。

① この靴は安かったですが、とても［　だいじょうぶです　・　じょうぶです　］。

② 夢のために、［　ねっしん　・　いっしょうけんめい　］頑張ります。

③ うちの近くに［　ちいさい　・　こまかい　］公園があります。

④ これは、お祭りのときに着る［　とくな　・　とくべつな　］服です。

4. 違うものが1つあります。どれですか。

① ほそい　　［　ペン　・　かばん　・　人　・　髪の毛　］

② きびしい　［　ルール　・　病気　・　親　・　練習　］

③ ただしい　［　答え　・　意見　・　音楽　・　行き方　］

④ しつれい　［　言い方　・　動物　・　言葉　・　人　］

⑤ でんとうてき　［　服　・　行事　・　天気　・　食べ物　］

5. （　　）に入る言葉を ▭ の中から選んで書きましょう。
必要なら形も変えてください。

① 外国へ旅行するとき、パスポートが（　　　　　　　　　　）。

② このかばんは、教科書と辞書を入れるのに、（　　　　　　　　）大きさです。

③ 動物園へ行くと、（　　　　　　　　）動物が見られます。

④ お客様には（　　　　　　　）言葉で話しましょう。

⑤ 風邪をひいてしまったので、旅行に行くのは（　　　　　　　）と思います。

⑥ アルバイト先で大学生の山田さんと（　　　　　　　）なりました。

⑦ 私は交流会などに（　　　　　　　）参加しています。

⑧ （　　　　　　　）化で、地球の気温が上がっています。

⑨ そこに荷物を置くと、（　　　　　　　）なるので、こちらに置いてください。

ちょうどいい　　おんだん　　むり　　せっきょくてき　　ひつよう

めずらしい　　したしい　　ていねい　　じゃま

接続詞・副詞
せつぞくし　　ふくし

1. （　　）に入る言葉を ⬭ の中から選んで、書きましょう。

① 冬休みに国へ帰ります。年末は飛行機が混みますから、チケットを予約しておきます。

（　　　　　　　　）、お土産も準備しなければなりません。

② 働く女性が増えています。（　　　　　　　　）、子どもを預かってくれる場所はまだ多く

ないです。

③ 先生：今日は 15 課を勉強します。

（　　　　　　　　）、201 ページを見てください。

学生：はい。

④ パク：店長、明日、アルバイトを休みたいんですが……。

店長：え、急にどうしたんですか。

パク：（　　　　　　　　）、友達がけがをしてしまって……。明日、一緒に病院へ行って

あげたいんです。

> それが　　それに　　しかし　　それでは

2. （　　）に入る言葉を ⬭ から選んで、書きましょう。
（言葉は 1 回だけ使います。）

① 新しい眼鏡を買ったので、遠くの物が（　　　　　　　　）見えます。

② これは大切なことですから、（　　　　　　　　）聞いてください。

③ A：早く、早く行こうよ。

B：（　　　　　　　　）急がなくても、急行電車に乗ったら、間に合うよ。

④ A：子どもにはたくさん勉強させたほうがいいです。

B：（　　　　　　　　）勉強は大切ですが、子どもは遊ぶことも大切だと思います。

> しっかり　　そんなに　　はっきり　　たしかに

⑤　A：Bさん、一緒に交流会に参加しない？

　　B：いいね。でも、バイトの予定がわからないから、（　　　　　　　　　　）連絡するよ。

⑥　（　　　　　　　　　）時間がないので、家で全然料理をしません。

⑦　パクさんは（　　　　　　　　）帰ったので、もう学校にいないと思います。

⑧　（　　　　　　　　　）新宿へ行ったときに、新しいスマホを買いました。

⑨　頭が痛いので、（　　　　　　　　　）休んでもいいですか。

あとで　　このごろ　　このあいだ　　さっき　　しばらく

3.　どちらがいいですか。

①　[　このまえ　・　このごろ　]、寒くなってきました。

②　授業が終わったら、[　すぐ　・　きゅうに　]事務室へ来てください。

③　ガス会社の人から電話がかかってきました。でも、日本語が速すぎて、[　だいたい　・　ほとんど　]聞き取れませんでした。

④　パーティーの準備は[　だいたい　・　たいてい　]終わりました。

⑤　私は外食はあまりしないで、[　ちょくせつ　・　じぶんで　]作って、食べています。

⑥　A：週末の飲み会、行く？

　　B：[　もちろん　・　やっぱり　]！　Aさんは？

　　A：やめようかと思っていたんだけど、[　もちろん　・　やっぱり　]行こうかな。

⑦　〈Aさんは先週Bさんに本を借りました。電話でBさんと話しています。〉

　　A：[　このあいだ　・　さっき　]貸してくれた本、とてもおもしろかった！

　　　　明日、持っていくね。

　　B：よかった！　うん、じゃ、明日ね。

会話表現
かい わ ひょうげん

1.（　　）に入る言葉を ◯ の中から選んで、記号を書きましょう。
はい　ことば　　　なか　えら　　　き ごう　か

① A：鍵を見つけてくれて本当にありがとう！　さっきからずっと探していたんだ！
かぎ　み　　　　　　　ほんとう　　　　　　　　　　　　　　　　　　さが

　　B：いいえ、（　　　）。

② 〈友達の家へ遊びに行って〉
ともだち　いえ　あそ　　い

　　A：いらっしゃい。

　　B：（　　　）。

③ 〈ルームメイトが帰ってきました〉
かえ

　　A：ただいま！

　　B：（　　　）。

④ 〈エレベーターに乗るとき〉
の

　　A：（　　　）。

　　B：すみません。

a．お帰りなさい
　　かえ
b．お先にどうぞ
　　さき
c．お邪魔します
　　じゃ ま
d．どういたしまして

⑤ 財布がない！（　　　）……。
さい ふ

⑥ 〈サッカーの試合を見ています。1点入りました〉
しあい　み　　　　　　てんはい

　　（　　　）！　その調子！
ちょうし

⑦ 終電に乗れなかった……。（　　　）。タクシーで帰ろう。
しゅうでん　の　　　　　　　　　　　　　　　　　　かえ

e．どうしよう
f．仕方がない
　　し かた
g．よし

2．どちらがいいですか。

① 友達A：土曜日、何時に会おうか。
ともだち　　ど ようび　なんじ　あ

　　友達B：10時は［　いかがですか　・　どう　］？
ともだち　　　じ

② 客　：すみません。この靴、1つ大きいサイズがありますか。
きゃく　　　　　　　　　くつ　　おお

　　店員：［　少々お待ちください　・　ちょっと待って　］。
てんいん　　しょうしょう　ま　　　　　　　　　　ま

③ 教師：この作文は月曜日までに書いてきてください。
きょうし　　　さくぶん　げつようび　　か

　　学生：はい、［　かしこまりました　・　わかりました　］。
がくせい

言葉の整理
ことば　せいり

　　に入る言葉をひらがなで書きましょう。
はい　ことば　　　　　　か

① このボタンを押すと、お釣りが
　　　　　　　　お　　　　　　つ

　毎朝7時ごろ、家を
　まいあさ　じ　　　いえ

② 泥棒が財布を
　どろぼう　さいふ

　1週間休みを
　しゅうかんやす

　100点を
　　　　てん

③ 母にメールを
　はは

　具合が悪い友達を家まで
　ぐあい　わる　ともだち　いえ

④ ネクタイを

　スキーを

　いいにおいが

⑤ 眼鏡を
　めがね

　電話を
　でんわ

　サラダにドレッシングを

　いすに

　カレンダーを

⑥ 電気が
　でんき
　　　　　　　　　　　　　　　　　　　　　　　います
　このシャツはたくさんポケットが

どちらがいいですか。

① 私が好きな色は［　白です　・　白いです　］。
　わたし　す　　いろ　　　しろ　　　　しろ

② 留学して、家族や友達の［　大切　・　大切さ　］がよくわかりました。
　りゅうがく　かぞく　ともだち　　たいせつ　　たいせつ

③ 鍋を洗いましたが、まだ少し［　汚れる　・　汚れ　］が残っています。
　なべ　あら　　　　　　　すこ　　よご　　　　よご　　　のこ

④ ［　この間　・　この間の　］試験はとても難しかったです。
　　　　あいだ　　　あいだ　　しけん　　　　むずか

⑤ 〈料理の作り方〉　塩は［　最後　・　最後に　］入れてください。
　　りょうり　つく　かた　しお　　さいご　　さいご　　い

⑥ ここから空港までの行き方は［　いろいろ　・　いろいろな　］あります。
　　　　　　くうこう　　い　かた

　一緒に使わない言葉を選びましょう。
いっしょ　つか　　ことば　えら

① [　国際　・　温暖　・　映画　・　医者　]化
　　こくさい　　おんだん　　えい が　　い しゃ　　か

② [　サッカー　・　観光　・　スキー　・　運動　]場
　　　　　　　かんこう　　　　　　うんどう　　じょう

③ [　アルバイト　・　旅行　・　出張　・　勉強　]先
　　　　　　　　りょこう　　しゅっちょう　べんきょう　さき

④ [　仕事　・　旅行　・　世界　・　会議　]中
　　し ごと　　りょこう　　せ かい　　かい ぎ　　ちゅう

⑤ [　電気　・　生活　・　宿泊　・　学　]費
　　でん き　　せいかつ　　しゅくはく　　がく　　ひ

⑥ [　運動　・　睡眠　・　水　・　大人　]不足
　　うんどう　　すいみん　　みず　　おとな　　ふ そく

⑦ [　結婚　・　入学　・　スピーチ　・　卒業　]式
　　けっこん　　にゅうがく　　　　　　　そつぎょう　　しき

　どちらがいいですか。

① 社員：社長、A社の [　者　・　方　]が [　いらっしゃいました　・　参りました　]。
　しゃいん　しゃちょう　しゃ　　もの　　かた　　　　　　　　　　　　　　まい

　社長：ありがとう。
　しゃちょう

② 客　：山田と [　おっしゃいます　・　申します　]が、高橋さんをお願いします。
　きゃく　やま だ　　　　　　　　　　もう　　　　　たかはし　　　ねが

　受付：高橋ですね。どうぞ [　こちら　・　こっち　]でお待ちください。
　うけつけ　たかはし　　　　　　　　　　　　　　　　　ま

③ 学生A：[　今日　・　本日　]のパーティー、楽しかったね。
　がくせい　　きょう　　ほんじつ　　　　　　　　たの

　学生B：うん。またやりたいね。
　がくせい

④ 部長：田中 [　君　・　様　]、ちょっと来て。
　ぶちょう　た なか　　くん　　さま　　　　　　き

　田中：はい。
　た なか

⑤ 司会*：[　じゃ　・　では　]、これで卒業式を終わります。
　し かい　　　　　　　　　　　　　　そつぎょうしき　お

＊司会＝ master of ceremonies ／司仪／사회／ Người dẫn chương trình
し かい

⑥ 〈ニュース番組〉
　　　　　ばんぐみ

　日本には [　いろいろな　・　いろんな　]伝統的な行事があります。
　に ほん　　　　　　　　　　　　　　でんとうてき　ぎょうじ

　[　でも　・　しかし　]、最近は行事を行う地域が少なくなってきました。
　　　　　　　　　　　　さいきん　ぎょうじ　おこな　ちいき　すく

もっと覚えたい人のために

日	月	火	水	木	金	土
				1	2	3
4	5 テスト (p. 82)	6	7	8	9	10
11	12	13	14	15	16 デート (p. 84)	17
18 お祭り (p. 86)	19	20	21	22	23	24 仕事 (p. 88)
25	26	27	28	29	30	31

31（月）	
1（火）	飲み会 (p. 90)
2（水）	
3（木）	スポーツジム (p. 92)
4（金）	
5（土）	お出かけ (p. 94)
6（日）	

7（月）	
8（火）	旅行 (p. 96)
9（水）	
10（木）	
11（金）	引っ越し (p. 100)
12（土）	
13（日）	

テスト

1．テストの前に、したことがありますか。

ヤマをかける

一夜漬け

徹夜する

2．テストのとき使う言葉を覚えましょう。

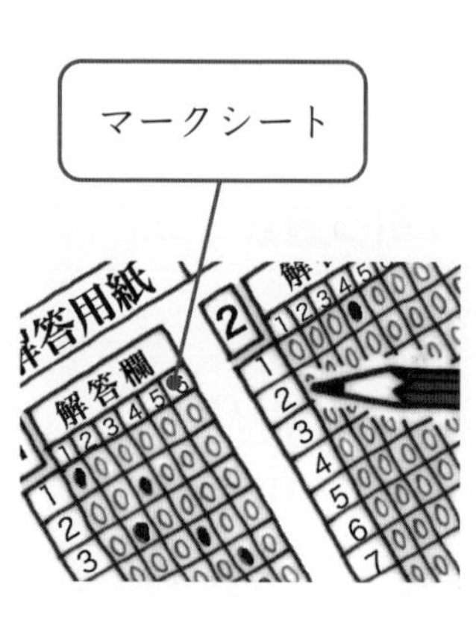

マークシート

3．①〜④はa〜dのどれですか。

4．合格発表の日です。結果はどうでしたか。

5．（　　）に入る言葉を □ から選んで書きましょう。
　　必要なら形を変えてください。

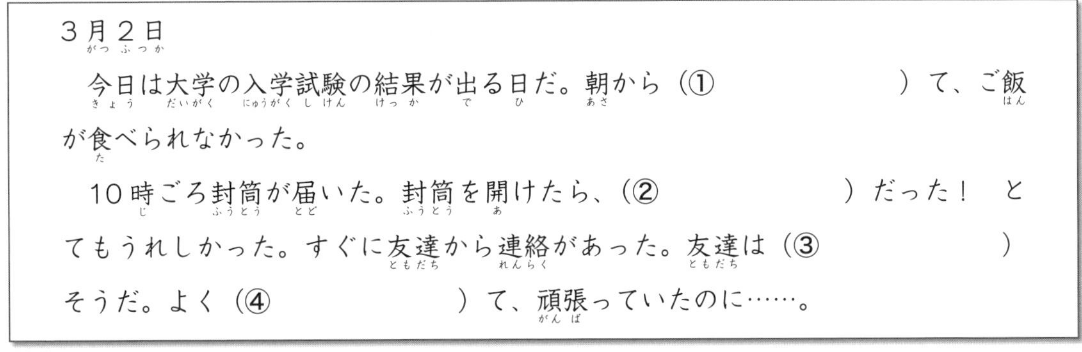

3月2日
　今日は大学の入学試験の結果が出る日だ。朝から（①　　　　　　　）て、ご飯が食べられなかった。
　10時ごろ封筒が届いた。封筒を開けたら、（②　　　　　　）だった！　とてもうれしかった。すぐに友達から連絡があった。友達は（③　　　　　　）そうだ。よく（④　　　　　　）て、頑張っていたのに……。

緊張する　　徹夜する　　落ちる　　合格

1. ①〜③はa〜cのどれですか。

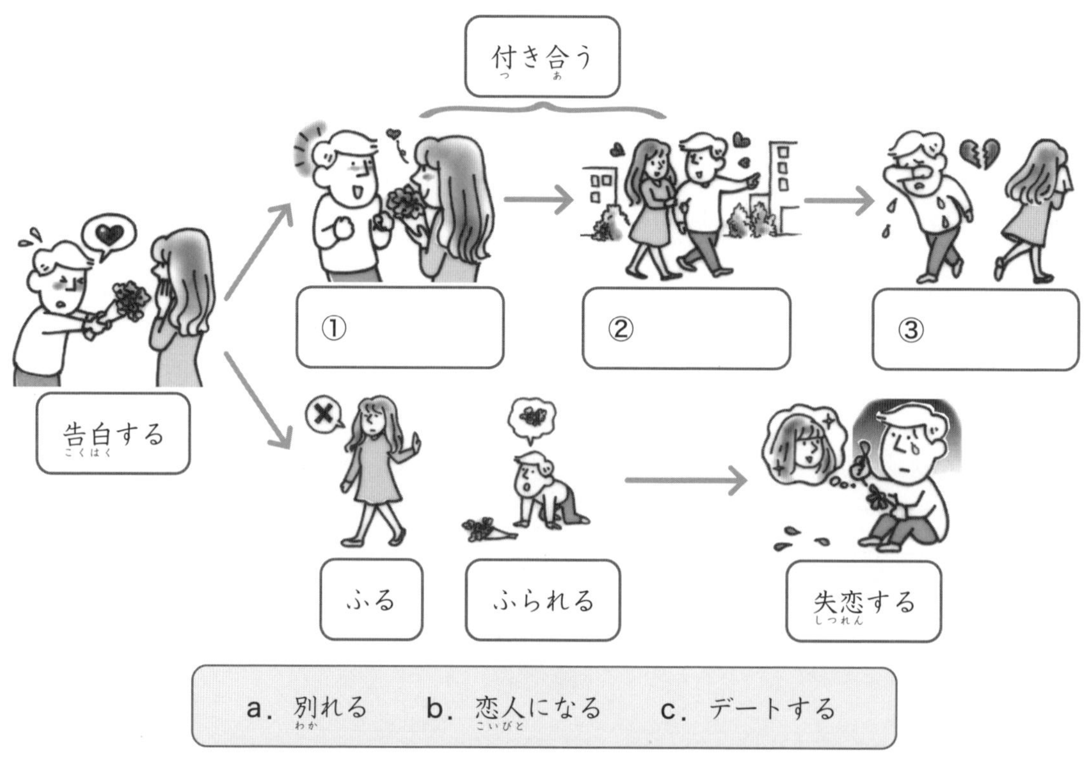

2. ①〜④はa〜dのどれですか。

Q. あなたはデートのとき、どうやって歩きますか。
　　　　　　　　　　　　　　　　　　　　　　ある

3. ①〜⑤はa〜eのどれですか。

① （　　　　　　　）　② （　　　　　　　）　③ （　　　　　　　）

④ （　　　　　　　）　⑤ （　　　　　　　）

> a．ナンパする　　b．モテる　　c．ヤキモチを焼く
> d．両想い　　　　e．片想い

Q．あなたは経験がありますか。

4. （　　）に入る言葉を書きましょう。

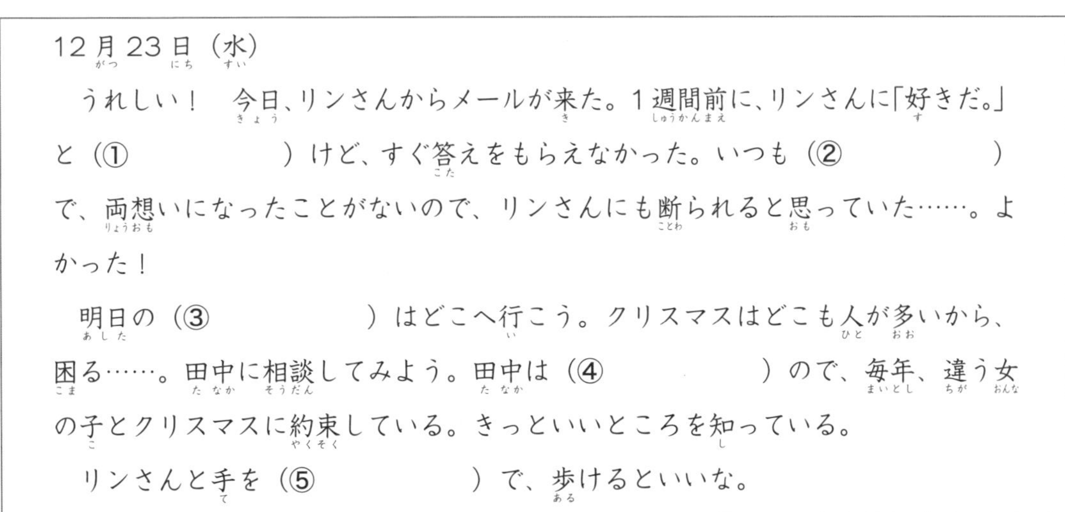

12月23日（水）

　うれしい！　今日、リンさんからメールが来た。1週間前に、リンさんに「好きだ。」
と（①　　　　　　　）けど、すぐ答えをもらえなかった。いつも（②　　　　　　　）
で、両想いになったことがないので、リンさんにも断られると思っていた……。よ
かった！

　明日の（③　　　　　　　）はどこへ行こう。クリスマスはどこも人が多いから、
困る……。田中に相談してみよう。田中は（④　　　　　　　）ので、毎年、違う女
の子とクリスマスに約束している。きっといいところを知っている。

　リンさんと手を（⑤　　　　　　　）で、歩けるといいな。

お祭り
まつ

1. ①は何ですか。②〜④はa〜cのどれですか。
なん

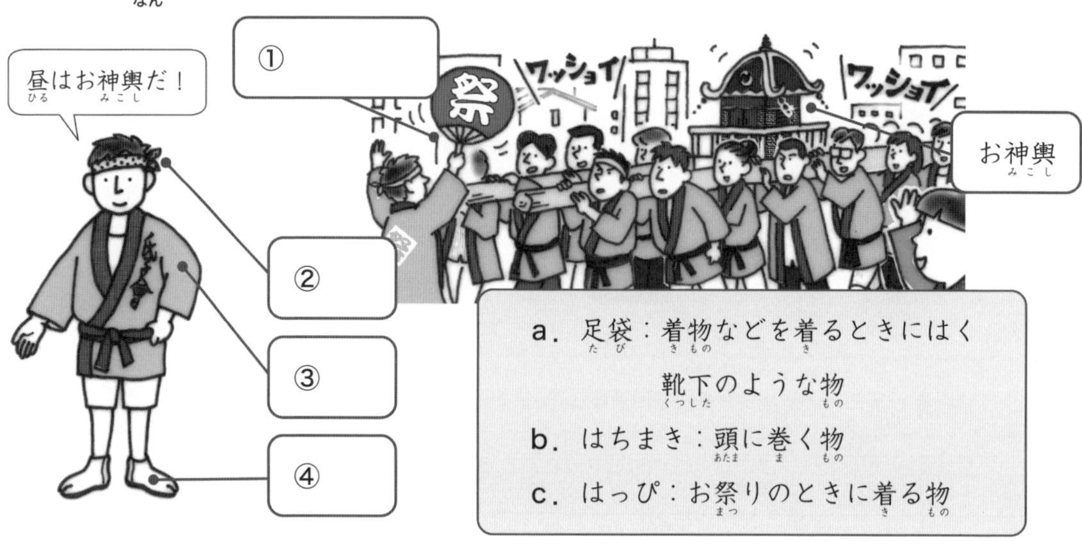

2. ①は何ですか。②〜⑤はa〜dのどれですか。
なん

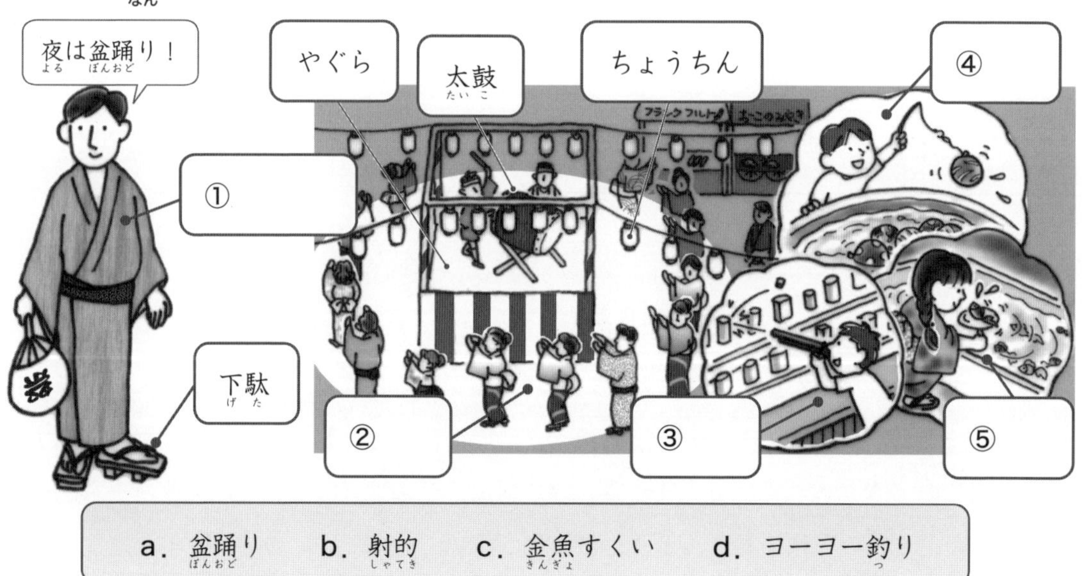

Q. お祭りで②〜⑤のどれをしたいですか。どれをしたことがありますか。
まつ

3. あなたは何を食べたいですか。何を食べたことがありますか。

Q. ①〜⑤はいくらぐらいだと思いますか。

①りんごあめ・チョコバナナ　　②焼きそば　　③たこ焼き

④かき氷　⑤綿菓子／綿あめ

4. （　　）に入る言葉を書きましょう。

8月17日（土）

　今日は友達とアルバイトのあと、近くのお祭りに出かけた。たくさん人がいて、いろいろな店が並んでいた。友達は「踊ろう」と言ったが、僕は（①　　　　　　　）に参加するのは恥ずかしかったので、友達が踊るのを見ていた。友達は楽しそうに踊っていた。（②　　　　　　　）を着た女の子たちがかわいかった。

　それから、金魚すくいをした。8匹捕れて、お店の人に「上手だね。」と褒められた。でも、金魚を飼ったことがないので、ちゃんと飼えるかどうか、心配だ。

　食べ物もたくさん食べた。とても暑い日だったので、特に（③　　　　　　　）は冷たくて、おいしかった。

仕事
しごと

1. 会社で何をしますか。
かいしゃ　なに

出勤／出社する
しゅっきん　しゅっしゃ

打ち合わせをする
う　あ

帰宅／退社する
きたく　たいしゃ

名刺交換をする
めいしこうかん

接待をする
せったい

2. ①〜⑤はa〜eのどれですか。

① A：今年の（　　　）は何人？
　　こ と し　　　　　　　　なんにん

　　B：ああ、今年は新しい人は採用*しないみたいよ。　　*採用 ＝ hire ／录用／채용／Tuyển dụng
　　　　　　　こ と し　あたら　　ひ と　さいよう　　　　　　　　　　　　　さいよう

② 上司：あ、君、今から京都まで（　　　）に行ってくれ。
　じょうし　　　　きみ　いま　きょうと　　　　　　　　い

　部下：えっ、今からですか。
　ぶ か　　　　　いま

③ 娘：お父さん、今年65歳になるのよね。
　むすめ　とう　　こ と し　さい

　父：そうだなあ。もうすぐ（　　　）かあ。
　ちち

④ 夫：今日は、夜、（　　　）の接待だから、遅くなるよ。
　おっと　きょう　よる　　　　　　せったい　　　　　　おそ

　妻：あまり飲みすぎないでね。
　つま　　　　　の

⑤ ヤン：知ってる？　キムさん、来月から1年間、北海道に（　　　）だって。
　　　　し　　　　　　　　　　らいげつ　　ねんかん　ほっかいどう

　リー：へえ、そうなんだ。

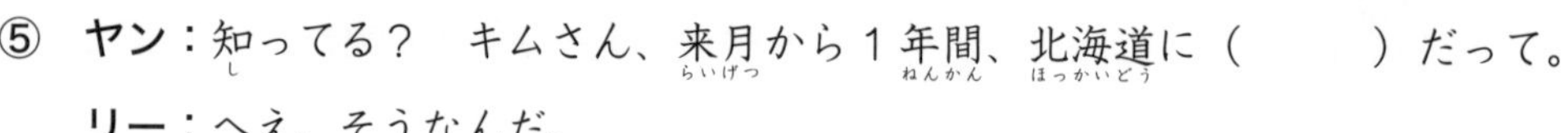

a. 転勤　　b. 出張　　c. 定年（退職）　　d. 新入社員　　e. 取引先
　てんきん　　しゅっちょう　　ていねん　たいしょく　　しんにゅうしゃいん　　とりひきさき

　もっと覚えたい人のために

3. どちらがいいですか。

① 上司：あ、この書類、30人分コピーして。

部下：はい、わかりました。30 [部 ・ 枚] ですね。

② 〈電話で〉

A社社員：明日、そちらへ [行きます ・ 伺います]。

よろしくお願いいたします。

B社社員：はい、お待ちしております。

③ 兄は銀行に [働いて ・ 勤めて] います。

④ 部長に「次また同じミスをしたら、[クビだ ・ アタマだ] ！」と言われて

しまいました。

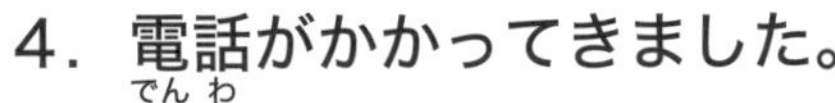

4. 電話がかかってきました。

木村：はい。東西商事でございます。

佐藤：あおぞら銀行の佐藤と申しますが、営業部の田中さん、お願いします。

木村：いつもお世話になっております。

申し訳ございませんが、田中は席を外しております。

佐藤：そうですか。それでは、またかけ直します。

木村：すみません。よろしくお願いいたします。

佐藤：失礼します。

5. （　）に入る言葉を ▢ から選んで書きましょう。

今日はとても忙しい1日だった。まず、（①　　　　　）して、午前中の会議

に出た。それから、課長と一緒に京都へ行った。初めての（②　　　　　）だ。

午後、ABE社と新しい商品について（③　　　　　）をした。明日は工場見学

に行く。明日も忙しそうだ。頑張ろう。

出社　　打ち合わせ　　出張

1. 飲み会をすることになりました。あなたが幹事（＝予約など、いろいろ準備をする人）です。どんなお店がいいですか。

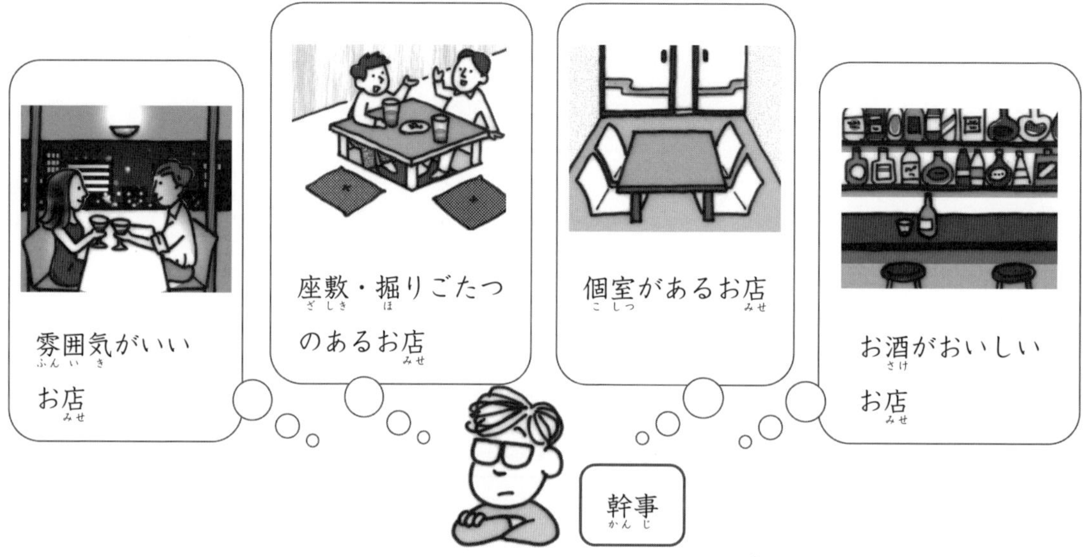

2. 飲み会が始まりました。

Q. あなたはお酒を飲みますか。強いですか。

3. そろそろ飲み会も終わりですが、友達が寝てしまいました。
全然起きません。あなたならどうしますか。

　　　　a. 無理やり起こして、家まで送る

　　　　b. 無理やり起こして、タクシーに乗せる

　　　　c. 無理やり起こして、駅まで連れて行く

　　　　d. 置いて帰る

4. ☐ にひらがなを1つずつ書きましょう。

今日はクラスの飲み会があった。みんなでたくさん食べて、飲んで、しゃべって、本当に楽しかった！　今回、私は か☐☐ だったので、大変だった。最初に、お酒と一緒に頼んでいない料理が出てきて驚いた。お通しというそうだ。サービスかと思ったら、無料ではなくて、残念だった。でも、飲み会は、みんな楽しんでくれたみたいで、よかった。AさんとBさんは趣味の釣りの話で も☐☐☐☐ ☐いた。C君はお酒が よ☐☐ ので、1杯飲んだだけで、かなり よ☐ ☐☐☐ いた。駅までは一緒に行ったけど、あのあと大丈夫だったのかな。ちょっと心配だ。

スポーツジム

1. ①～③は何ですか。あなたは何を持っていきますか。

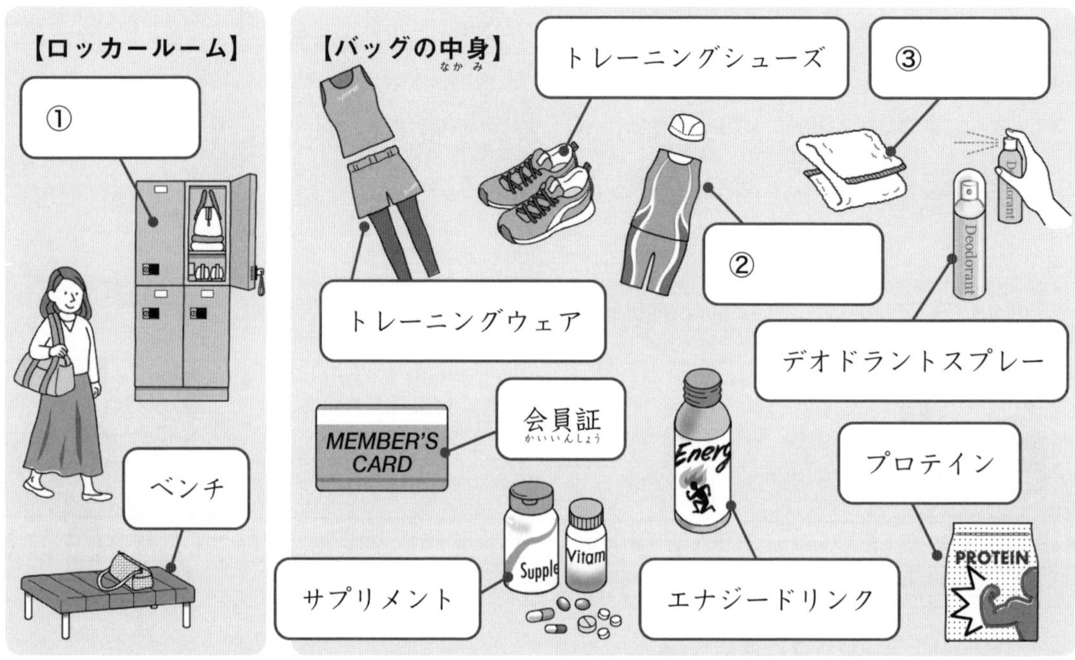

2. スタジオレッスンの予定を見ています。どんなレッスンがありますか。

	月	火	水	木	金	土	日
10:00 〜 11:00	エアロビクス		エアロビクス		ストレッチ	ズンバ	
11:00 〜 12:00	ヨガ	ピラティス	ストレッチ	ダンス	ヨガ	ピラティス	ヨガ

Q. あなたは何をやってみたいですか。

3. 何をしていますか。どんなものを使いますか。

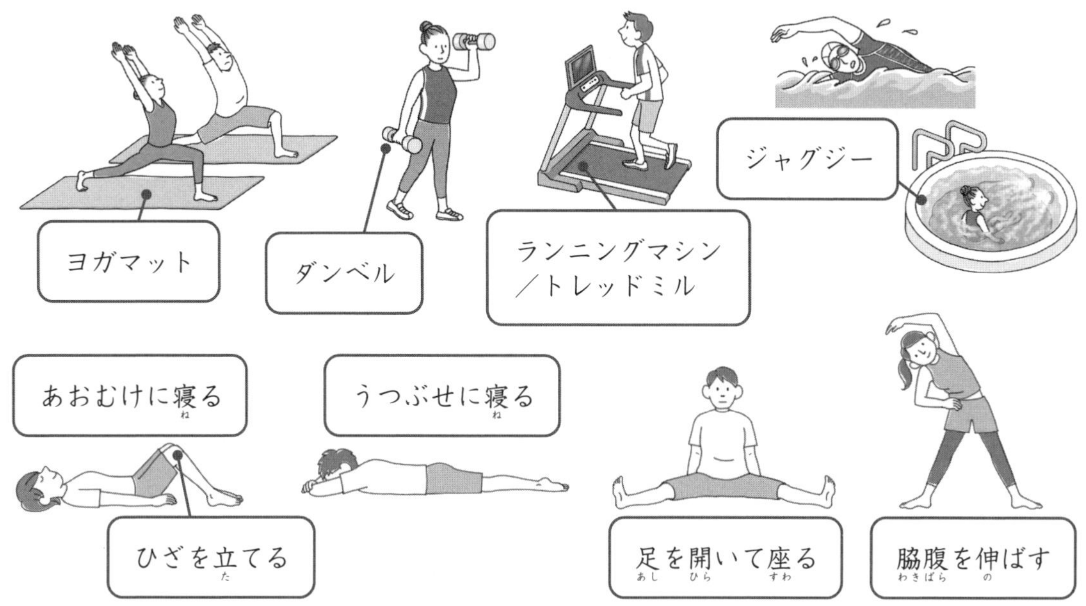

4. どんな注意がありますか。

5. （　）に入る言葉を ▢ から選んで書きましょう。

　　今日は土曜日だ。朝9時からジムに行った。ランニングマシンで走ったあとは、
軽く（①　　　　　　　　）をした。特に、肩と足の筋肉をつけたいので頑張った。
そのあと、（②　　　　　　　　　）のプログラムに参加した。体が柔らかくなると、
けがをしにくくなるそうだ。最後に、ジャグジーに入って（③　　　　　　　）した。
ちょうどお昼になったので、友達と待ち合わせて、一緒に焼肉を食べることにした。
たくさん運動したから、たくさん食べた。おいしかった！

　　　ストレッチ　　　　リラックス　　　　筋トレ（筋力トレーニング）

お出かけ（で）

1. 日曜日の駅前です。どんな人がいますか。何をしていますか。
   （にちようび　えきまえ）（ひと）（なに）

Q. ①～⑤を見て、どう思いますか。
　　　　（み）　　　（おも）

2．ショッピングモールの広場です。何をしていますか。

Q．①〜③のとき、何と言いますか。

3．（　　）に入る言葉を書きましょう。

7月28日（日）
　今日、ショッピングモールに出かけた。着いたら、広場でコンサートをやっていた。みんな歌を聞きながら一緒に踊ったり、手を（①　　　　　　　　）りして、楽しそうだった。
　（②　　　　　　　　）のところで、友達と待ち合わせをした。20分も遅れてきたので、お昼をおごってもらった。

1. 友達と旅行に行きます。何がしたいですか。
とも だち　　りょこう　　 い　　　　　　なに

Q. あなたは何がしたいですか。
なに

2. 新幹線で行くことにしました。切符を買います。

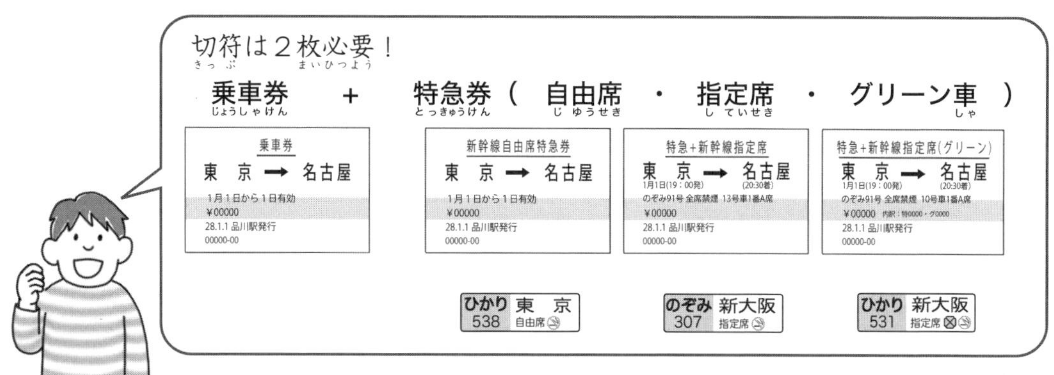

Q. あなたはどの席にしますか。

3. 新幹線に乗りました。みんな何をしていますか。

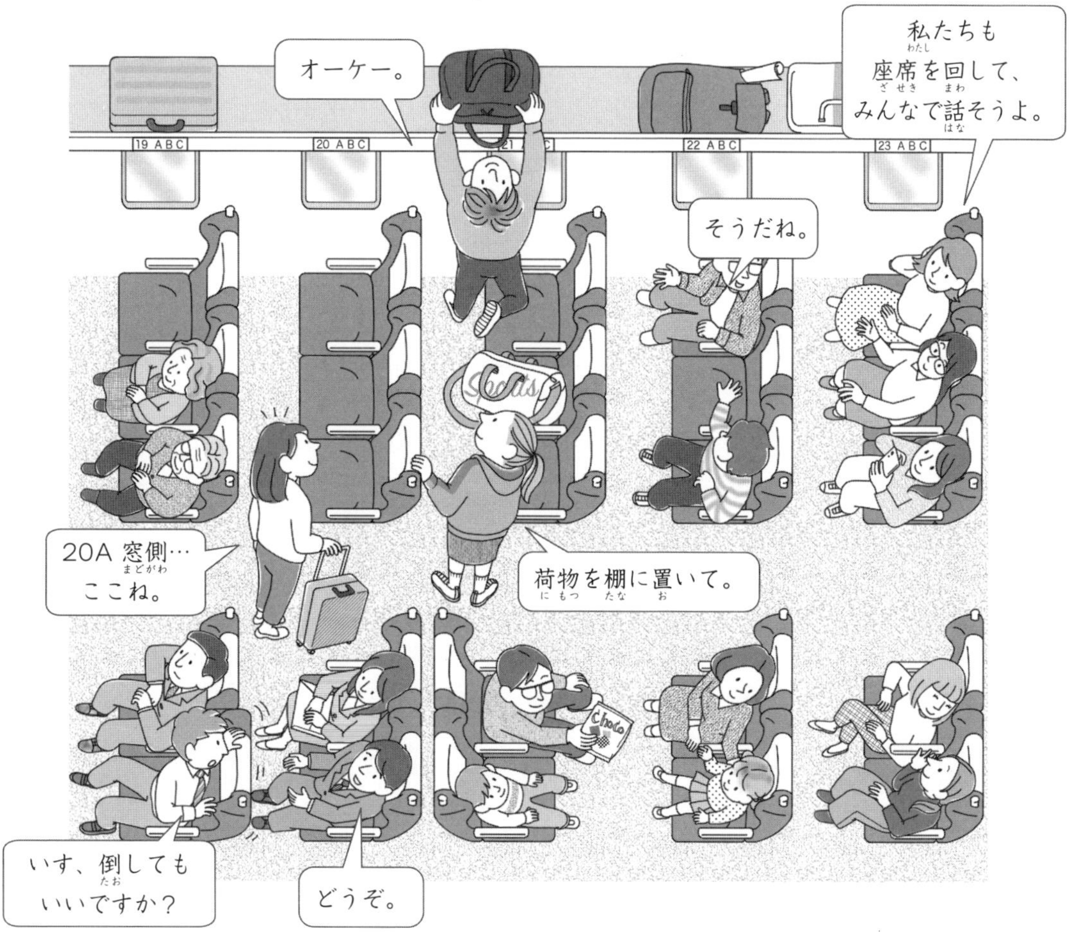

4．駅に着きました。レンタカーを借りて、移動します。

Q．あなたはどんな車を借りますか。

オプションを選びます。

免許証とパスポートを忘れないで持って行こう。

5．さあ、出発です！

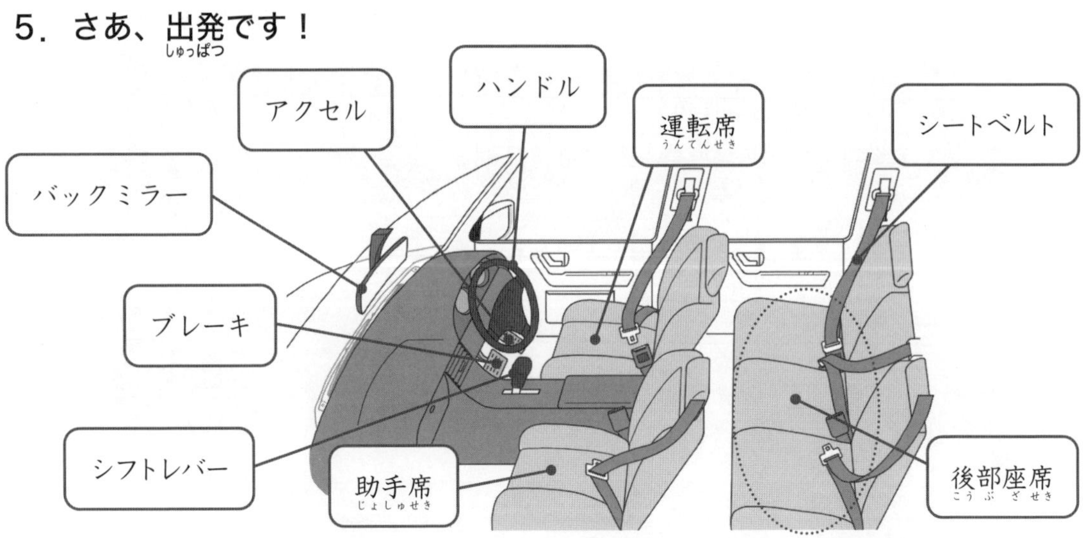

Q．あなたはどこに座りますか。（運転席・助手席・後部座席）

6. 目的地に着きました。何をしていますか。①〜④はa〜dのどれですか。

a. ぶらぶらする　　b. ぼーっとする　　c. 試食する　　d. 自撮りする

7. （　　）に入る言葉を ⬜ から選んで書きましょう。

みんなで（①　　　　　　　　　　　　）に行った。友達が新幹線に乗ってみたいとい

うので、新幹線で行った。駅に着いたあとは、みんなで（②　　　　　　　　　）

を借りた。僕の旅行の目的は、好きなアニメの（③　　　　　　　）だったので、

アニメの中で見た神社に行った。（④　　　　　　　　　）には、さつまいもが有名

なので、さつまいものクッキーを買った。とても楽しい（①）だった。

お土産　　旅行　　レンタカー　　聖地巡礼

引っ越し

1. どんな部屋に住みたいですか。

2. 部屋を借りるときに必要な言葉を覚えましょう。
①～⑦はa～gのどれですか。

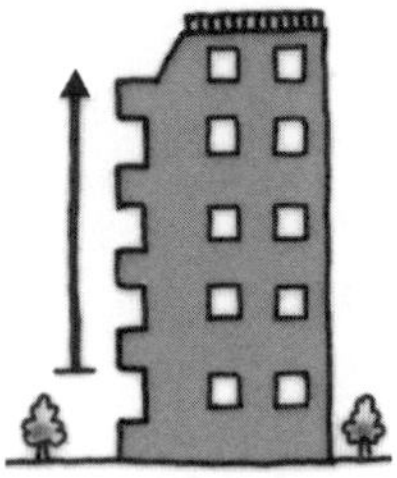

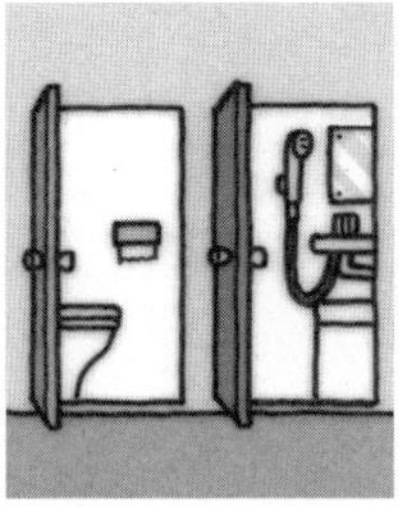

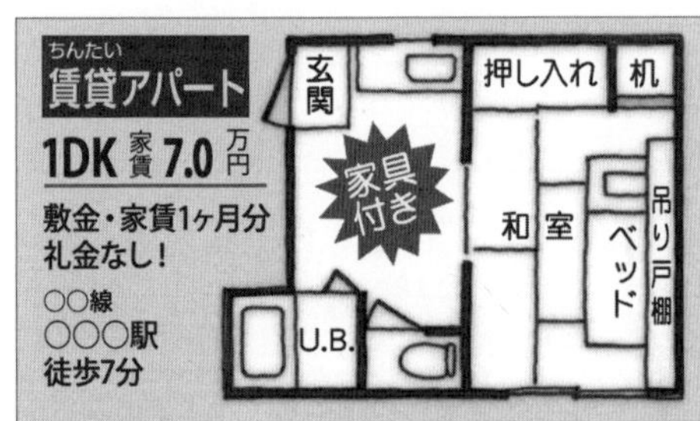

① 賃貸アパート　（　　　）
　　ちんたい

② 家具付き　　　（　　　）
　　か ぐ つ

③ 徒歩7分　　　（　　　）
　　と ほ　ふん

④ 和室　　　　　（　　　）
　　わ しつ

⑤ 押し入れ　　　（　　　）
　　お　い

⑥ 敷金　　　　　（　　　）
　　しききん

⑦ 礼金　　　　　（　　　）
　　れいきん

a. 部屋を借りるときに払うお礼のお金
　　へや か　　　　　　　　はら　れい　　かね

b. 畳のある部屋
　　たたみ　　　へや

c. 布団や荷物を入れるところ
　　ふ とん　にもつ い

d. 毎月お金を払って借りるアパート
　　まいつき　かね　はら　　か

e. 歩いて、7分かかる
　　ある　　　ふん

f. 棚やベッドなどが付いている
　　たな　　　　　　　　　つ

g. 部屋を出るときに、掃除したり、修理
　　へや で　　　　　　　そうじ　　　　しゅうり
したりするためのお金。部屋を借りる
　　　　　　　　　かね　へや　か
ときに、先に払う
　　　さき　はら

３．引っ越しに関係ある物の名前を知っていますか。

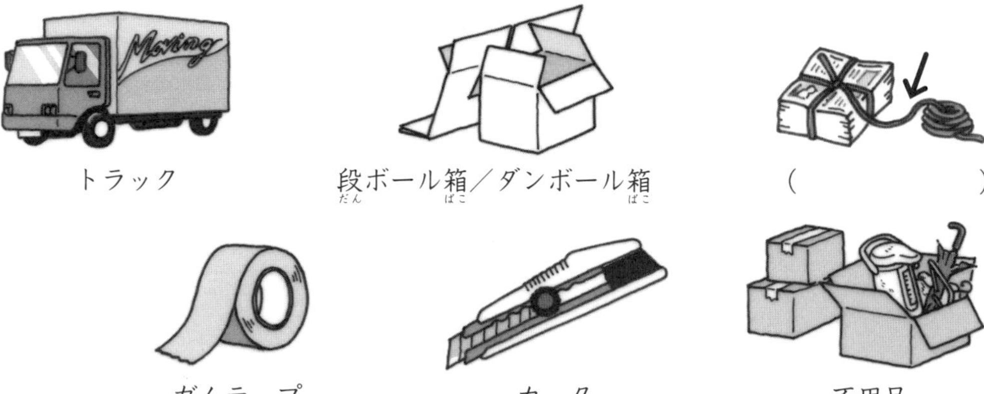

トラック　　　　　段ボール箱／ダンボール箱　　　（　　　　　　　）

ガムテープ　　　　カッター　　　　不用品

４．引っ越しします。何をしなければなりませんか。

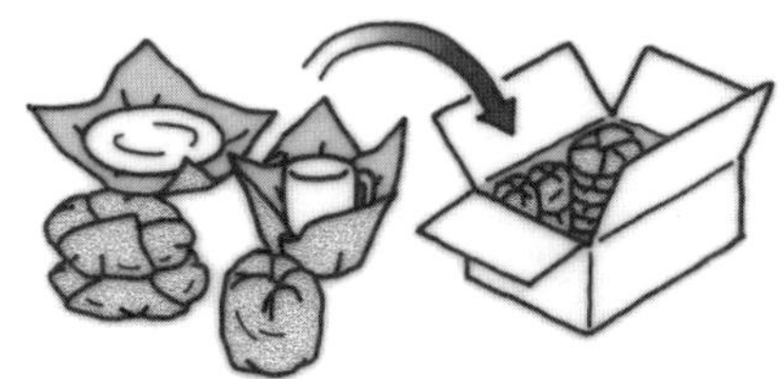

① 食器を紙で（　　　　　　　）。

それから、段ボール箱に詰めます。

② ガムテープでとめて、入れた物の名前を書きます。

③ 本や雑誌を重ねて、ひもで縛ります。

④ 荷物をトラックまで（　　　　　　　）。

⑤ （　　　　　　　）物を捨てます。

5. 引っ越しが終わりました。（　　）に入る言葉を ▭ から選びましょう。

住所	管理人	置き場

6. （　　）に入る言葉を ▭ から選んで書きましょう。

今日は朝から引っ越しで疲れた。荷物を（①　　　　　　　）で運んで、部屋に入れるのは本当に大変だった。でも、（②　　　　　　　）は引っ越し屋さんが持っていってくれたので、よかった。この部屋は、（③　　　　　　　）は少し高いけど、駅も近いし、スーパーもあるので、とっても便利だ。

不用品	トラック	家賃

索引
さく　いん

【凡例】

・『わたしのことばノート　初中級』第1〜15課に出ている語を五十音順にしています。

・「もっと覚えたい人のために」の語は、最後に項目ごとにまとめています。

・語の横の数字は、初出の課を表しています。「復」は「復習」を表しています。

・3グループの動詞は、「勉強」という名詞でもあり、「勉強する」という動詞でもあるため、
　「勉強・する」のように提示しています。

【もっと覚えたい人のために】

テスト

ヤマをかける　テストに出る

一夜漬け　徹夜・する

試験監督　マークシート

問題用紙　解答用紙

筆記用具　心臓

カンニング・する

度忘れ・する　居眠り・する

緊張・する　合格　不合格

試験に落ちる　結果が出る

封筒

デート

付き合う　告白・する　ふる

失恋・する　つなぐ

見つめ合う　腕を組む

肩を抱く　モテる

ヤキモチを焼く　ナンパ・する

片想い　両想い

お祭り（おまつり）

（お）神輿　はちまき　巻く

はっぴ　足袋　盆踊り

やぐら　太鼓　ちょうちん

ヨーヨー釣り　下駄　射的

金魚すくい　りんごあめ

チョコバナナ　焼きそば

たこ焼き　かき氷

綿菓子　綿あめ　僕　金魚

仕事（しごと）

出勤・する　出社・する

打ち合わせ　帰宅・する

退社・する

ちょうだいいたします

名刺交換　接待　新入社員

君　上司　部下

定年（退職）　取引先

転勤・する　〜分　〜部

明日　そちら　伺う

〜ております　勤める　ミス

クビ　商事　〜でございます

いつもお世話になっております

申し訳ございません

席を外しております　かけ直す

午前中

飲み会（のみかい）

座敷　掘りごたつ　個室

幹事　酔っぱらう　乾杯

盛り上がる　鍋奉行

あぐらをかく　取り分ける

お酒が弱い　お酒が強い

割り箸　ジョッキ　箸置き

おしぼり　取り皿　小皿

千鳥足　無理やり　起こす

乗せる　しゃべる　今回

お通し　楽しむ　かなり

スポーツジム

ベンチ　トレーニングウェア

トレーニングシューズ　会員証

デオドラントスプレー

プロテイン　サプリメント

エナジードリンク

エアロビクス　ヨガ

ピラティス　ストレッチ

ズンバ　ヨガマット　ダンベル

ランニングマシン／トレッドミル

ジャグジー　あおむけ　膝

うつぶせ　脇腹

リラックス・する

お出かけ（おでかけ）

歩きスマホ　ベビーカー

ママチャリ　3人乗り

タクシーを拾う　点字ブロック

横に広がる　手すり　犬の散歩

広場　噴水　握手をする

盛り上がる　迷子　ステージ

手を振る　おごる

旅行（りょこう）

聖地巡礼　観光スポット

SNS映え・する　乗車券

特急券　自由席　指定席

グリーン席　窓側　椅子を倒す

座席を回す　レンタカー

オプション　チャイルドシート

カーナビ（ゲーション）　チェーン

免許証　運転席　助手席

後部座席　バックミラー

ハンドル　シートベルト

シフトレバー　アクセル

ブレーキ　ぶらぶらする

ぼーっとする　試食する

自撮りする

引っ越し（ひっこし）

日当たり　バストイレ別

賃貸　家具　徒歩　和室

押し入れ　敷金　礼金

（お）礼　先に　トラック

段ボール箱／ダンボール箱

ガムテープ　カッター

不用品　詰める　とめる

重ねる　縛る　管理人

〜号室　引っ越す　住所

置き場　とっても

役立つサイト（教師向け）

できる日本語ひろば
できる日本語教材開発・普及プロジェクト
https://www.dekirunihongo.jp/

できる日本語

わたしのことばノート　初中級　【第2版】

2013 年　1 月 21 日　初版第 1 刷発行
2025 年　2 月 28 日　第 2 版第 1 刷発行
2026 年　3 月 20 日　第 2 版第 4 刷発行

監　　修	嶋田和子（一般社団法人アクラス日本語教育研究所）
著　　者	できる日本語教材開発プロジェクト
	岡葉子（帝京大学）
	落合知春（イーストウエスト日本語学校）
	志村ゆかり（津田塾大学）
	永田晶子（イーストウエスト日本語学校）
発　　行	株式会社　凡　人　社
	〒 102-0093
	東京都千代田区平河町 1-3-13
	TEL：03-3263-3959
イ ラ ス ト	酒井弘美
装丁デザイン	岡村伊都
本文デザイン	北の丸インスティチュート
レ イ ア ウ ト	Atelier O.ha
印 刷・製 本	倉敷印刷株式会社

ISBN 978-4-86746-033-7
©Kazuko SHIMADA, Yoko OKA, Chiharu OCHIAI, Yukari SHIMURA,
Akiko NAGATA　2013, 2025　Printed in Japan
落丁本・乱丁本はお取り替えいたします。
本書の一部あるいは全部について、著作者から文書による承諾を得ずに、いかなる方法においても無断で転載・複写・複製することは、法律で固く禁じられています。